협동
조합

경영 이야기

협동조합 경영 이야기

1판 1쇄 발행 | 2017년 9월 21일

지은이 | 이충수
펴낸이 | 김경배
펴낸곳 | 시간여행
편　집 | 이진의 · 박정민
홍　보 | 강민정
본문 디자인 | 디자인 [연:우]

등　록 | 제313-210-125호 (2010년 4월 28일)
주　소 | 서울시 마포구 토정로 222 한국출판컨텐츠센터 419호
전　화 | 070-4032-3664
이메일 | sigan_pub@naver.com

종　이 | 화인페이퍼
인　쇄 | 한영문화사

ISBN 979-11-85346-52-6　(03320)

이 도서의 국립중앙도서관 출판예정 도서목록(CIP)은 서지정보유통지원시스템 홈페이지
(http://seoji.nl.go.kr)와 국가자료 공동목록시스템(http://www.nl.go.kr/kolisnet)에서
이용하실 수 있습니다. (CIP제어번호 : CIP2017023110)

농협다운 농협, 1등 농협

이충수 지음

시간
여행

농업협동조합(農業協同組合)
National Agricultural Cooperatives Federation

농민의 자주적인 협동조직을 통하여
농업생산력의 증진과 농민의 경제적·사회적 지위 향상을 도모함으로써
국민경제의 균형 있는 발전을 기하기 위하여 설립된 특수법인체이다.

프롤로그

탁월한 협동조합경영전문가를 꿈꾸며

올해로 농협에서 직장생활을 한 지 만 32년이다. 1985년에 대학교를 졸업하고 농협에 입사하여 이제껏 근무했다. 결코 짧은 세월은 아니지만, 전국 단위로 근무하는 농협중앙회 소속이 아니라 지역농협에 입사하여 경기도 양평군 내에서만 근무해왔으니 어쩌면 세상 물정 모르는 우물 안 개구리일지 모른다.

하지만 줄곧 한곳에 근무하면서, 나는 농협 조직이 어떻게 성장하는지, 협동조합 운영이 지역사회에 어떤 변화를 가져올 수 있는지 누구보다도 가까이서 보아왔다.

그래서 나는 '농협경영전문가'라는 말을 좋아한다. 누군가가 나를 이렇게 불러줄 때면 자부심을 느낀다. 농협경영전문가는 나의 오랜 목표였고, 30여 년 세월동안 꾸준하게 만들어온 나의 정체성이다. 내가 탁월함과 전문성을 갖춘 농협경영자가 되는 것, 그리하여 농협을 농협답게 경영하는 것, 내가 몸담은 농협을 1등 농협으로 키워내는 것. 이 셋은 나에게 있어 같은 목표이면서 각각 다른 목표이기도 하다.

내가 전문가로 거듭날 필요성을 뚜렷이 느낀 것은 IMF 외환위기가 계기였다. 처음 농협에 입사했을 때, 나는 한 가정을 꾸려나갈 만한 경제적 안정은 자연히 이루게 되리라고 막연하게 생각했다. 그 시절 새내기 직장인이라면 누구나 가졌을 평범한 바람이었다. 그러나 1997년 말, 이전에는 들어본 적도 없는 '정리해고'란 이름으로 하루아침에 수많은 직장인이 직장에서 쫓겨났다. 더는 직장이 조직원을 온전하게 보호하지 못한다는 것을 모두가 목격했다. 평생직장이 사라진 것이다. 내가 근무하던 작은 지역농협에서도 여러 선배, 동료직원이 본인의 의사와 달리 직장을 떠났다. 아무런 예고도 없이 발생한 사태였다.

나는 두려웠다. 삶의 믿음이 허물어지면 누구나 우울과 좌절에 빠진다. 어디로 가야 할지 모른 채 헤매기도 쉽다. 요즘 같은 시대에 어떻게 하면 믿음과 의지를 갖고 흔들림 없이 살 수 있을까. 지치지 않고 행복한 삶을 영위할 방법이 있을까. 나는 무엇을 해야 할까. 답이 없는 질문을 거듭하다 보니 오히려 두려움은 배가되었다.

그즈음 나는 중소기업청에서 주관하는 '경영지도사' 자격증 시험을 준비하고 있었다. 경영지도사란 인사, 재무, 생산관리, 마케팅 등 중소기업 경영 문제를 분석하고 컨설팅하는 경영전문가이다. 수업을 듣고 시험을 치기 위해 매주 양평과 서울을 오갔다. 이론 공부를 하는 한편으로 나의 현장 경험을 그에 접목하려고 애썼다. 그러면서 계속 마음속으로는 '나는 무엇을 할 것인가'란 질문을 되새겼다. 그러는 사이 감사한 선물처럼 점점 뚜렷해지는 생각 하나가 있었다.

전문가.

농협경영전문가.

집요하게 바라보고 궁리하니 점차 실체가 있는 문제와 막연한 두려움을 구분하게 되고 긍정적인 면모가 보이기 시작했다. 자신의 분야에서 지식과 경험을 탄탄하게 쌓으면 불의의 상황에 직면해도 스스럼없이 행위할 수 있으리라고 생각했다. 내게는 농협이라는 분야가 있었다.

내가 몸담은 농협에서 탁월한 농협경영전문가가 되자. 직장이 조직원을 보호하지 못한다면 조직에 필요한 사람이 되자. 조직의 구성원들이 지금보다 더 좋은 삶을 살 수 있는 공동체를 만들기 위해 공헌하자. 그런 역할을 하는 사람이면 어떤 조직에서나 존중받을 것이다.

사실 그때 딴 경영지도사 자격증은 지금껏 단 한 번도 활용한 적이 없다. 그러나 40대에 접어들던 그때, 나는 "무엇을 할 것인가"라는 질문을 거듭한 끝에 농협경영전문가라는 방향성을 찾았다. 그리고 이 방향성은 끊임없는 동력을 부여하며 나를 활기차게 했다.

그 후, 여러 곳의 지점장을 역임하고 단위사무소 실무 총괄책임자인 전무로 부임했다. 나는 지점과 사무소의 경영 성과 목표를 늘 경기도 1등, 전국 1등으로 설정했다. 그리고 이를 달성할 방법을 찾아 꾸준하게 추진해나갔다. 농협에서 함께한 상사와 동료들의 적극적인 참여와 살핌 덕분에 전국 1등이라는 영예를 여러 차례 맛보았다.

이 책은 그간 경험한 변화와 성과, 이를 이루기까지의 과정을 책으로 정리한 것이다. 책을 통해 내 경험과 고민을 더 많은 이들과 공유하고, '농협경영전문가'로서 지금까지의 나를 돌아보고 새로운 발걸음을 내딛고자 했다. 1장에서는 처음 농협에 입사하여 '나는 무엇을 할 것인가'를 모색하고 자신감을 획득하기까지의 이야기를, 이후에는 농협경영전문가의 꿈을 설정한 후 전무로 부임하여 10여 년간 각종 사업을 추진하고 목표를 달성하면서 체득한 것을 정리했다.

'협동조합경영전문가'를 지향하면서 나는 늘 기본에 충실하며 업무성과에서 탁월함을 추구하였다. 자연스럽게 늘 변화와 혁신으로 업무에 임하며 성과를 만들어나갔다.

그간의 성과는 나 혼자 이루어 낸 것이 아니다. 전적인 신뢰를 보내주며 여건을 마련해준 상사와, 까탈스러운 상사인 나를 넓은 이해로써 믿고 함께 해준 동료들이 있었기에 가능했다.

나는 이 조직을 떠나더라도 협동조합경영전문가로, 성공한 협동조합을 만들기 위하여 계속 노력할 것이다. 내가 농협에서 얻은 작은 경험과 성공을 바탕으로 더 깊이 있게 공부하고 다양하게 연구하여 이 분야에서 인정받는 탁월한 전문가로 성장할 것이다. 그런 점에서 이 책은 나의 제2의 인생을 위한 다짐이요, 디딤돌이며 나 자신에게 보내는 응원이다. 더하여 이 책이 다른 협동조합이나 유사한 조직의 발전에 자그마한 실마리라도 될 수 있다면 더없는 영광이겠다.

2017년 8월 31일
이 충 수

2. 기본에 충실한 농협

5. 전국 최고, 1등 양서농협을 향하여

에필로그

"협동조합의 주인은 조합원이다"라는
기준을 세우니 갈 길이 명확해졌다. 조합원이 원하는 일,
조합원에게 필요한 일을 찾아서 하는 것이다.

1.

나는 무엇을 할 것인가

나의
길을 찾아서

스물여섯 청년, 농협을 만나다

내가 농협에 처음 입사한 것은 명확한 꿈이나 목표가 있어서는 아니었다. 단순히 취직자리를 구하려는 생각에서였다. 당시 80년 대는 요즘 같은 취업난 시절이 아니라, 대졸 남학생들은 눈이 아주 높지 않으면 졸업할 무렵에는 대개 취직처가 정해지곤 했다. 하지만 나는 전공인 축산경영과 거리가 먼 분야에서 취업을 공략한 탓인지 졸업식이 끝났는데도 취직을 하지 못했다. 매일 아침 부모님 보기가 부끄러웠다. 궁여지책으로 학교 지도교수님을 찾아가 면담했다. 그때 교수님이 추천한 곳이 농협이었다. 그때만

해도 내가 그곳에서 30여 년을 생활하리라고는 상상조차 하지 못했다.

교수님은 농협에서 전국 단위로 100명의 영농지도사를 채용한다는 것을 알려주셨다. 서류전형을 거쳐 농업계 대졸자를 채용할 예정이고, 내 연고지인 경기도 양평에서도 1명의 채용계획이 있다고 했다.

애초에 농협에 관심이 없었던 나는 그 제안이 별로 내키지 않았다. 그러나 직장을 얻을 수 있다는 생각으로 서류를 꾸며 농협중앙회 양평군 지부에 지원서를 냈다. 그리고 짧은 면접을 거쳐 경기도 양평군 양서농협에 입사했다.

입사해서 맡은 첫 업무는 단순했다. 양축(養畜) 농가 등 조합원을 상대로 사료를 판매하는 것이었다. 매장에서 직접 판매도 하고 농가로부터 주문받은 사료를 배달도 했다. 사료 공장에서 사료를 가득 실은 농협 트럭이 사무실에 도착하면 매장 판매용 물량을 창고에 하차한 후 농가를 순회하며 주문받은 사료를 배달했다. 당시에는 사료 하차 등 배달 업무는 운송기사와 함께 판매담당자가 직접 했다. 이 마을 저 마을을 돌며 한나절 사료를 배송하면 몸이 녹초가 되곤 했다.

업무가 바뀌어 구매담당을 할 때도 각종 영농자재를 직접 배달하는 일이 다반사였다. 25kg의 화학비료 포대는 오히려 수월했다. 시멘트는 한 포대의 무게가 장난이 아니었다. 이것을 상·하차하다 보면 팔과 허리가 경직되고 마비가 올 정도였다. 석회석 먼지까지 일어나 작업자를 더욱 지치게 했다. 가을 수확기에는 농가로부터 수매한 벼를 입고하는 데 전 직원이 동원되었다. 저녁 늦은 시간까지 불을 밝히고 창고를 들락거렸다.

몸만 피곤한 것이 아니었다. 경제사업 업무는 늘 재고관리의 부담이 뒤따른다. 수시로 재고가 부족해서 자비로 물량을 맞추어야 했다. 더구나 이렇게 고생을 해도 봉급은 기대에 훨씬 못 미치는 수준이었다. 또래 친구들이 받는 월급보다 턱없이 모자랐다. 오죽하면 월급 액수를 부모님께 솔직히 알려드리지 못했을까.

명색이 대학교 졸업생인데, 막상 지역농협에 입사하고 보니 농협 직원은 사무원이라기보다 거의 막노동을 하는 잡부와 같다는 생각이 들었다. 가끔 대기업이나 은행에 입사한 대학 동기가 번듯하게 정장을 입고 다니는 모습을 보면 완전히 기가 죽어 아는 체조차 하지 못했다. 지역농협 직원이라고 당당히 밝히지도 못했다. 휴일에 서울 등지로 외출을 나갈 때는 농협 배지를 떼어내곤 했다. 이곳이 내가 평생 몸담아야 할 직장인지 늘 의심스러웠다.

'교육대학원에 입학해서 교사로 전직할까?'

직장생활에 회의가 들 때면 다른 생각이 났다. 하지만 부모님께 학비를 지원해 달라고 하기엔 체면이 서지 않았다. 학비를 모을 때까지 열심히 직장을 다니자며 마음을 다잡았다가도, 농협중앙회에 입사한 대학 동창생과 마주치면 생각이 또 달라졌다. 지역농협이 아닌 농협중앙회에 다니는 동창은 그래도 직장인으로서 번듯하게 보였다.

'다시 공부해서 농협중앙회에 입사할까?'

이런저런 생각으로 직업과 직장에 대해서 회의하고 갈등하는 시간이 계속됐다. 그와 함께 생활이 흐트러졌다. 매일 업무가 끝나면 술을 마셨다. 목표 없는 삶의 자연스러운 귀결이었는지도 모른다. 의미 없는 시간을 어떻게 흘려보낼 것인가만 궁리했다.

대부계에서 일하면서 자금이 필요한 조합원의 어려운 사정을 듣고, 자금 지원이 성사되어 조합원이 기뻐할 때는 보람을 느끼기도 했다. 그러나 내가 마음을 다잡지 못하니 그런 기쁨도 오래 가지 못했다. 기회만 되면 떠나고 싶은 생각에 무엇 하나 손에 잡히지 않았다.

지금 관점에서 보면, 지역농협 담당자가 수행하는 영농자재 배달 등은 하나같이 꼭 필요한 업무였다. 조합원을 위한 서비스일 뿐 아니라 조합원, 고객과 직접 마주하며 현장을 익히는 과정이기도 했다. 그때 이런 점을 생각할 수 있었다면 힘든 중에도 보람과 긍지를 느끼고, 개선을 모색할 수도 있었을 것이다. 그러나 그때는 이런 생각을 전혀 하지 않았다.

당시 농협은 내게 월급이 나온다는 것 외에는 별 의미가 없는, '지긋지긋한 직장'에 불과했다.

내 삶에 승부를 걸 때

농협에 적응하지도 못하고, 과감하게 전직을 시도하지도 못한 채 시간만 보내고 있는데 뜻밖의 사건이 내 '전직의 꿈'을 가로막았다. 결핵 진단을 받은 것이다. 청천벽력 같았다. 의사는 치료하면 나을 수 있다고 했지만, 죽을 수도 있다는 두려움은 나를 당혹과 혼란에 빠뜨렸다. 지금 이 순간이 마지막일 수도 있지 않은가. 나는 결핵으로 죽은 사람을 몇이나 본 일이 있었다. 그렇게 떠나간 사람들의 마지막은 무엇이었던가. 죽은 이의 흔적은 기억에서도 삶에서도 사라져 아무것도 남아있지 않았다. 허망하고 허망했다. 6개월간의 투병은 지칠 대로 지친 나의 삶을 정신적으로 무척 힘들게 했다.

건강을 회복한 후, 나는 아내를 만나 결혼했다. 그러나 결혼 후에도 내 생활은 전과 별반 차이가 없었다. 여전히 삶의 계획도, 도모하고자 하는 목표도 없는 생활이었다. 그저 집과 직장을 오고 가며 매달 꼬박꼬박 나오는 월급으로 자족하며 지냈다.

너무 오래 목표 없이 지낸 탓일까, 30대 초반, 내 열정은 생각지 않았던 곳으로 튀었다. 1988년 우리 사회에는 오랫동안 규제되었던 노동운동이 봇물 터지듯 터졌다. 수많은 기업에서 노동조합이 조직되었다. 그런 사회 분위기 속에서, 나 역시 모든 기업·단체에는 법으로 보장받는 노동조합이 조직되어야 한다고 생각하게 되었다. 노동법 해설집을 구해서 독학하고 전문가의 도움을 받으면서, 전국의 지역농협에서 처음으로 군 단위 노동조합 결성에 뛰어들었다.

아내의 도움도 많이 받았다. 아내는 나의 부탁에 한마디 불평도 없이, 노동조합 설립신고서에 사용할 직인 등을 만들기 위해 서울을 수차례 오가며 필요한 일을 챙겼다. 이런 준비과정을 거쳐 양평군 내 많은 농협 직원이 참여하는 양평군 지역농협노동조합을 결성하여 설립신고 서류를 제출했다. 그러나 농협중앙회의 적극적인 저지로 3일 만에 철회하고 말았다.

노동운동에 대한 특별한 생각이나 목표가 있어서 노동조합 결성에 나선 것은 아니었다. 그러나 간만에 정성 들인 일이어서 그런지 좌절감을 맛보았다.

하지만 예전처럼 무기력한 삶으로 되돌아갈 수는 없었다. 내가 노동조합 설립에 열중하는 사이 아내가 임신했기 때문이었다. 아내의 임신을 계기로 내 미래와 우리 가족의 행복에 관하여 진지하게 생각했다. 현재의 이 일을 계속할 것인가, 말 것인가. 만약에 다른 일을 한다면 무엇을 할 것인가. 아이는 어떻게 키울 것인가. 나 자신을 점검하면 할수록 지금의 모습이 옹색하게 느껴졌다. 시간이 지날수록 운신의 폭이 줄어들 것이 보였다. 이제 내가 몸담은 조직에 승부를 걸어야 한다는 사실이 분명해졌다. 후회하지 않을 마지막 결정을 위하여, 아내와 곧 태어날 내 아이에 대한 책임감을 가지고, 이젠 최선을 다해야 했다.

농협의 말단 직원으로서 이 조직에서 어떤 방법으로 승부를 걸 것인가. 나는 입사한 지 만 4년 차였다. 만 5년 차가 되면 간부직원 승진시험을 볼 자격이 주어진다. 현재는 책임자 자격시험이 기본이지만, 당시에는 상무 임용시험이었다. 합격하면 단번에 서기직급에서 상무급인 지소장(지점장)으로 발령받는다. 또한, 도 단위로 승진자를 확정하기에 해당 시·군이 아닌 다른 지역으로 발령이 나기도 했다.

서기직급에서 상무가 되기란 하늘에서 별 따기만큼이나 어려웠다. 현재는 없어졌지만, 당시에는 부장 직제가 있었다. 부장은 책임자이기는 하나 간부직원이 아니라 서기와 함께 승진시험에 응시했다. 근속연수가 길어 상대적으로 높은 인사고과 점수를 받기 때문에, 상무 승진자 대부분은 부장직급에서 배출되곤 했다. 나와 같은 서기직급 직원들은 바위에 달걀 던지기라고 지레 겁먹고 감히 도전조차 하지 않았다.

나는 승진시험에 도전하기로 마음먹었다. 시험은 네 과목을 치르는데, 직원 대부분은 매년 한 과목씩 합격하는 것을 목표로 장기적으로 준비하고 있었다. 나는 이런 방법을 거부했다. 1년 동안 전 과목을 준비하여 한 번에 합격하기를 노린 것이다.

열심히 시험을 준비했으나 결과는 처참했다. 단 한 과목도 합격하지 못했다. 희망에 부풀어 시험을 준비할 때의 활력은 어디론가 사라지고 마음은 장마철 하늘처럼 먹구름에 싸였다. 심한 좌절감이 소나기처럼 내리꽂혔다. 그러나 소나기는 잠시 지나가는 것이 아닌가. 나의 정성과 노력이 부족했던 것이라 여기며 다시 마음을 다잡았다. 이것은 나와의 싸움이다. 나의 게으름 때문에 새로 태어날 아이에게 나와 같은 좌절감을 주고 싶지 않았다. 그리고 아내에게 든든한 선물을 주고 싶었다.

첫 번째 승진시험에 떨어지고 나서 불과 6개월 후, 두 번째 승진시험을 보았다. 합격이었다. 입사 6년 만에, 서른두 살의 젊은이가 상무로 승진했다. 신이 났다. 어깨가 절로 들썩였다.

사실 나는 운이 좋았다. 그해 농협에서는 전년도의 두 배가 넘는 합격자를 선발했다. 나는 상대적으로 점수가 낮은데도 선발 인원수가 많았던 덕분에 천운의 기회를 잡은 것이다.

지난 30여 년간의 농협 직원 생활을 회고하면서 나름 훌륭한 결정을 내린 것 중 하나를 꼽자면, 이른 나이에 승진시험에 도전한 것이다. 남들보다 상대적으로 이른 승진 덕분에 폭넓은 경험을 쌓으며 나의 목표인 농협경영전문가의 길에 매진할 수 있었다.

초보 간부의
첫 도전

입사 6년 만에 상무가 되다

　승진시험에 합격하면서, 나는 30대 초반의 젊은 나이에 말단 직급인 서기에서 간부직원인 상무로 승진했다. 농협중앙회나 일반 은행에서는 책임자 시험에 합격하면 대리나 과장직급을 다는데, 지역농협에서는 그 위 단계라 할 수 있는 상무로 승진한다. 서기 시절 상급 책임자로 모셨던 부장을 일순간에 추월한 것이다. 어제의 상사가 부하로 뒤바뀌고 나니 직장 내에서 처신하기가 쉽지 않았다. 다행스럽게도 큰 어려움을 겪지는 않았다. 선배들이 너그럽게 보아준 덕분이었을 것이다.

상무로 승진했어도 아직 뚜렷한 목표의식이 있었던 것은 아니었다. 노동조합 설립이 결국 무산되고, 이제는 마음을 접고 가장으로서 안정적인 직장생활을 하겠다는 생각에서 응시한 시험이었다. 상무가 되었으니 때가 되면 사무소 총괄책임자인 전무로 승진하여 정년까지 직장생활을 할 수 있는 근거를 확보한 셈이었다.

양평군 용문농협에 지도·판매 상무로 발령을 받았다. 나에게 주어진 첫 임무는 농산물 가공공장 설립이었다. 당시 농림부와 농협중앙회는 농업인의 소득증대 차원에서 지역농협에 보조금을 지원하며 농산물 가공공장 설립을 유도하였다. 이에 각 지역 농협은 전국적으로 가공공장을 설립하고 있었다. 용문농협도 마찬가지였는데, 내가 그 공장 설립을 맡게 된 것이다. '농업인의 소득증대'. 이 단순하고 당연한 목표가 얼마나 어렵고 무거운 말인지 그때의 나는 잘 몰랐다.

용문농협에서는 단무지 가공공장 설립을 계획하고 있었다. 농협과 계약한 조합원이 단무지용 무를 생산하면 농협이 이를 일괄 수매하고, 가공공장에서 소금 절임을 하여 부가가치를 높여 판매하는 것이다.

어떻게 보면 단순한 사업 같으나 쉽지가 않았다. 우선 관내 지역 토양의 조건이 단무지용 무를 생산하기에 적합하지 않았다. 단무지용 무는 모래 성분이 많은 사질토에 맞는 종자인데 이 지역의 흙은 진흙이 많았다. 그렇다 보니 농가의 호응이 저조했다.

공장 건축도 보통 까다로운 일이 아니었다. 농산물 가공공장은 단순한 건축물이 아니다. 일반적인 건축 허가를 받는 것 이외에도, 공장에서 배출되는 소금물을 처리하기 위한 오·폐수 처리 시설을 갖추어야 한다. 모든 일을 혼자 해결하려니 이리저리 바쁘게 발로 뛰어야 했다. 30대 초반의 젊은 나이, 경험도 짧은 초급 간부 직원으로서 공장을 설립하고 운영하는 일은 쉽지 않았다.

그래도 우여곡절 끝에 사업은 하나하나 진행되었다. 10월경에 재배 농가로부터 무를 수매하고, 많은 인력을 동원하여 절임 탱크에서 무를 절였다. 소금 절임 탱크는 생각 외로 위험했다. 절임 무를 반출하고 나면 깊은 탱크 바닥에 독성 가스가 잔류해서, 인부들이 탱크를 청소하기 위해 내려가다가 가스중독 사고로 목숨까지 잃어버릴 때도 있었다. 다행히 우리 작업장에서는 사고가 없었지만 타 농협에서는 작업자가 숨지는 사고가 일어나 폐업하는 일도 있었다. 많은 고생을 했지만, 성과는 그리 좋지 못했다. 단순 무 절임 시설만으로는 채산성이 너무 낮았다. 만회할 방안이 필요했다.

이와 더불어 농산물직판장 운영을 진행했다. 조합원이 생산한 농산물을 수집, 선별, 포장하여 이를 직판장에서 전시, 판매함으로써 농가 소득증대를 목적으로 하는 사업이었다.

이 사업도 그리 만만하지 않았다. 직판장에 많은 고객을 끌어들이려면 다양한 구색을 갖춘 농산물을 균일한 품질과 적절한 가격으로 공급해야 했다. 그러나 한정된 지역 내에서 생산되는 농산물로 이 조건을 다 갖추기는 현실적으로 어려웠다. 직판장을 개설해 직원을 배치하고 홍보를 해도 매출액은 극히 미미했다. 매출 부진을 극복하기 위해서는 고객의 마음을 끌 요소가 있어야 했다.

양평군 용문이라 하면 떠오르는 대표적인 이미지는 '용문산 산채'와 '용문산 은행나무'였다. 용문산 산채 브랜드를 활용하여 직판장 사업을 활성화하기로 마음을 먹고 용문농협 관할지역의 산채작목반과 손을 잡았다. 작목반이란 같은 작물을 재배하는 농민들끼리 공동으로 유통·판로개척 등을 하기 위해 모인 조직이다.

용문산 산채작목반과 연계사업을 전개하기로 하고, 채산성이 없어 골칫거리이던 농산물 가공공장을 활용할 방안도 세웠다. 농산물 가공공장은 10월에 단무지 무를 수매하고 곧바로 소금 절임을 한 뒤, 12월 초가 되면 사업을 종료한다. 이 공장에 농산물 건조기를 사들여 시설을 갖추고 무말랭이, 취나물, 다래 순 등의 산채 가공에 들어갔다.

꽤 많은 산나물 매출을 올렸다. 설이나 추석에 서울, 수원 등 전국 각지를 찾아가 직판행사를 치르면 산나물 수요가 상당했다. 설날 이후 보름까지는 고사리, 취나물, 다래 순, 묵나물 등이 성수기였다. 매출 확대를 위해 전국 각지의 매장에 적극적으로 납품하면서 규모를 키웠다. 서울 광진구 중곡동과 자매결연을 하고, 매월 2회 정기적으로 직거래 장터를 열어 각종 농산물을 판매하기도 했다.

하지만 유통이란 물건을 공급하고 나면 다가 아니었다. 많은 매장에 공급을 하다 보면 물건값을 받지 못해 속을 썩이는 일도 그만큼 많았다. 대금 회수를 하지 못해 법적 조치를 하기도 했다. 손실을 조금이라도 만회하려고 매장에 납품한 농산물을 임의로 회수해 화물차에 신고 온 적도 있다. 이렇게 좌충우돌하며 만 3년을 지낸 나는 양서농협 경제 상무로 전출을 하면서 용문농협에서의 삶을 마무리했다.

돌아보면 초임 상무 3년간은 분명한 방향성 없이 우왕좌왕하면서 당장 주어진 과제를 수행하기에 급급했다. 하지만 그 모든 것이 역량 있는 농협 관리자로 가기 위한 혹독한 훈련이 아니었나 싶다. 농산물직판장을 활성화를 위해 산채작목반과 연계하여 산나물을 상품화했던 경험, 단무지 공장 채산성 만회를 위해 산채를 건조하는 부대사업을 입안하고 실행했던 것, 각종 직판행사에 참여하면서 소비자들이 무엇을 원하는지 체험하고 이해하며 다양한 유통 경험을 쌓은 것, 모두 나에게는 사업 추진 역량을 키울 수 있었던 소중한 기회였다.

그런데 내가 전출한 후, 용문농협에서는 불행한 사건이 터졌다. 내 후임자를 비롯한 관계자들이 중국산 고사리를 국산 고사리로 속여 팔았다는 억울한 누명을 쓰고 구속을 당한 것이다. 후일 혐의를 벗기는 했지만 이 사업을 기획하고 진행한 당사자 입장에서는 참으로 가슴 아픈 일이었다.

특명, 농산품을 팔아라

양서농협 경제 상무로 부임하면서 받은 첫 임무는 산 같이 쌓인 잣을 파는 것이었다. 이전에 농가로부터 수매했다가 판매 시기를 놓친 잣이었다. 잣을 캔으로 포장해서 시중에 판매했지만 다 팔지 못하고 상당량의 재고를 안고 있었다. 가공하지 않은 피잣(까지 않은 잣) 재고도 많았다.

나는 남아있는 피잣을 춘천의 가공공장에서 위탁가공하여 전부 캔으로 만들었다. 그리고 상품 소진을 위해 나를 포함한 전 직원에게 판매 목표를 할당하였다. 불만의 소리가 들리기도 하였으나 나는 개의치 않았다. 조합원이 출하한 농산물을 농협이 판매하는 과정에서 상황이 여의치 않아 남아있던 재고였다. 이를 판매하는 데 전 직원이 동참하는 것은 당연한 일이라 생각했다.

나는 지인들이 근무하는 농협 사무소를 방문해서 잣을 팔고, 가족, 친지들에게도 거의 강매에 가깝게 물건을 팔았다. 나부터 나서서 상품을 팔고 있으니 직원들도 함께할 수밖에 없었다. 결국, 전 직원이 참여하여 노력을 다한 결과 캔 잣 상품을 매진시킬 수 있었다.

다음으로 떨어진 임무는 다량의 건고추(말린 고추) 재고 처리였다. 당시 매년 가을마다 건고추를 경상북도 청송 등 산지에서 매입하여 경제사업장이나 마트에서 판매했다. 그 무렵에는 지금과 달리 소비자가 건고추를 직접 보고 골라서 방앗간에서 빻는 것이 일반적이었다. 그런데 예년 판매 예측이 크게 벗어났는지 상당한 양의 건고추가 해를 넘겨 재고로 남아있었다.

이 고추를 판매할 방안을 모색하던 중, 한 선배가 경기도 포천의 농협 김치 공장의 공장장으로 근무하고 있다는 것을 알게 되었다. 김치 공장이라면 고추가 많이 필요할 터였다. 다행히 농협에 근무하는 내 대학 동기가 공장장과 잘 아는 사이라고 했다. 나는 동기와 함께 김치 공장을 방문하여 선배에게 자초지종을 설명하고 고추 매입을 부탁했다.

선배는 처음에는 거절했지만, 내가 끈질기게 부탁하자 공신력 있는 농협 가공공장에서 작업한 고춧가루라면 매입해 주겠다는 언질을 주었다. 강원도에 있는 영월농협 고춧가루 가공공장에 건고추를 싣고 가서 가공하여 포천 김치 공장에 납품했다. 그 선배 덕분에 건고추 전량을 처분할 수 있었다.

양서농협에서 1년 동안 경제 상무로 근무하면서 당시 농협의 골칫거리를 신속하고 깔끔하게 처리했다. 아마도 지난 3년 동안 전임 사무소에서 상무 업무를 소화하기 위해 애를 쓴 것이 나도 모르는 사이 농협의 업무역량을 배양했기 때문이 아닐까 한다.

어디서든 배워라

병원과 택시 회사를 벤치마킹하다

4년간 경제 상무를 거치고 지점장으로 부임한 곳은 10년 전, 첫 직장으로 지역농협에 입사한 바로 그곳이었다. 양서농협 서종지점. 명색이 대학 학부생 출신인데 사료와 시멘트 배달을 맡았다고 풀이 죽어 지냈던 곳이었다. 근무하면서 폐결핵 진단을 받아 6개월간 투병생활을 한 곳이기도 했다. 나는 이 사무소를 떠나고 나서 정확히 만 7년 만에 지점장으로 돌아왔다.

나는 서른여섯 살의 젊은 나이에 농협 지점장으로서 면(面) 단위 기관장이 되었다. 하루가 멀다고 열리는 각종 행사를 쫓아다니는 것만으로도 눈코 뜰 새 없었다.

그렇게 바쁜 와중에 가슴 한편에는 답답함과 허전함이 있었다. 이처럼 하루하루 일정을 소화하는 데 급급하게 살아가고 있는 내 모습은 분명 제대로 가는 것은 아니었다. 지점장으로서 어떤 역할을 해야 할 것인가, 어떻게 하면 역량 있는 지점장으로서 제 몫을 할 것인가에 대한 문제의식이 항상 마음속에 있었다.

그런 고민을 하고 있던 나에게 영감을 준 것은 같은 협동조합이 아니라 TV 다큐멘터리에 소개된 한 병원이었다.

경상북도 안동에 위치한 안동병원은 원래 갈수록 줄어드는 환자로 인해 적자를 면치 못하던 곳이었다. 부진을 타개하기 위해 안동병원의 강보영 이사장이 찾은 비책은 바로 '환자 우선'이었다. 안동병원은 오로지 하나의 명제, "환자가 주인이다"를 철저히 실천함으로써 경영 정상화를 이루고 꾸준히 성장하게 되었다.

강 이사장은 매일 아침 출근하면 즉시 방송실에서 모든 환자에게 아침 인사를 한다. "밤새 잘 주무셨습니까?" 문안 인사를 마치고 나면 모든 병실을 일일이 방문한다. 인사만 하는 것이 아니라 모든 것이 잘 돌아가는지 점검하고, 환자의 불편에 귀 기울이는 시간이다.

대부분의 병원 응급실에는 인턴 의사가 배치되어 있다. 그러나 안동병원은 응급실에 전문의를 배치한다. 응급실에서 초기 단계에 환자에게 적절한 조처를 하지 못해 증세가 악화하는 것을 방지하기 위함이다. 또한, 병원에서 환자가 사망하면 주치의를 비롯한 의료진은 치료를 담당했던 병원으로서 사자에 대한 예의를 지키기 위해 조문(弔文)을 한다. 초창기에는 의료진의 반발이 심했다. 그러나 이사장은 병원에서 돌아가신 망자에게 끝까지 예의를 지켰다. 매년 5월에는 1년 동안 안동병원에서 숨진 환자를 추모하는 위령제를 종교별로 지내고 있다.

경영자나 의사가 아닌 환자를 가장 먼저 생각하는 운영 방침은 환자들의 전폭적인 신뢰를 얻었고, 안동병원은 의료계 친절경영의 성공사례로 첫손에 꼽히게 되었다.

흥미로웠던 점은, 안동병원이 친절경영을 하기 위해 벤치마킹한 곳이 일본의 MK 택시라는 점이다. 재일교포 유봉식 회장이 설립한 MK 택시는 친절의 대명사로 일본을 대표하는 회사이다. 안동병원은 매년 모든 직원을 MK 택시에 연수 보내 친절봉사 운동을 배우도록 하고, 이를 병원에서 철저하게 실천하고 있었다.

안동병원이 벤치마킹한 곳은 택시 회사만이 아니었다. 안동병원은 병원 내의 모든 시설에 담당자를 지정하여 연중 청결을 유지하고 있는데, 이는 정리·정돈·청소·청결 습관화를 적극적으로 실천하는 삼원정공이란 회사에서 벤치마킹한 것이다. 삼원정공은 공업용 스프링을 제조하는 중소기업이다.

병원이 본받은 곳이 의료와는 전혀 관계없는 택시 회사와 제조업체라니, 다소 의외의 사실이다. 그러나 고객 입장에서 보면 '친절봉사'와 '청결한 환경'은 업종에 상관 없이 공통으로 실천해야 할 기본이자, 기업이 고객을 위하여 마땅히 해야 할 일임이 분명했다. 물론 내가 몸담은 조직에도 당연히 적용해야 할 과제였다.

안동병원의 성공 이야기는 지역농협의 지점장으로 첫 출발을 하는 나에게 신선한 충격과 진한 감동을 주었다. 나 역시 어디서든 배우고 무엇이든 받아들여서 성공 경영의 토대로 삼을 수 있다는 자신감이 생겼다. 특히 안동병원의 경영이념인 "환자가 주인이다"는 마음에 깊이 남았다. 병원이 환자를 위해 존재하듯이, 농협은 조합원을 위해 존재하는 곳이 아니던가. "협동조합의 주인은 조합원이다"를 농협 사업의 기본 방향으로 삼고 이를 마음으로 받아들여 실현해야겠다는 결심이 섰다.

마침 나는 양서농협 국수지점으로 전출되었다. 출근하면서 여러 날을 지켜보니 남자직원들은 아침에 대부분 신문을 보거나 커피를 마시고, 청소는 여자직원들이 도맡아 하고 있었다. 청소 빈도는 주에 2~3회 정도였다. 이 지점은 하루나 이틀 동안 먼지를 쌓아놓은 상태에서 조합원과 고객을 맞이하는 것이다. 화장실 변기에는 먼지가 수북이 쌓여있었다.

나를 포함하여 직원 모두가 청소에 동참하자는 방침을 세웠다.

사무소 실내와 외부에 구역별로 담당자를 배정하여 청소구역을 나누었다. 나는 화장실을 담당했다. 남녀 화장실 변기를 직접 닦았다. 하루도 빠뜨리지 않고 매일 같은 시간에 정기적으로 청소를 했다. 사무소는 곧 청결해졌고, 분위기부터 달라졌다.

각자 담당 구역을 나눠 전 직원이 청소를 한다는 이 방침을 이후 내가 지점을 담당한 10년 동안 단 하루도 거르지 않고 시행했다. 청결한 상태로 조합원과 고객을 맞이하는 것이 가장 기본적인 예의가 아닌가.

또 한 가지, 직원들이 반드시 몸에 익히고 실천해야 할 일은 친절이었다. 안동병원 성공의 시작과 끝은 친절이었다. 일본 MK 택시의 성공 비결도 바로 친절이었다.

MK 택시는 기사가 고객을 맞이할 때 반드시 네 가지 인사를 하는 것이 원칙이다.

"MK입니다. 감사합니다."

"오늘은 기사 ○○○가 모시겠습니다."

"○○○으로 가시는 것이 맞습니까?"

"감사합니다. 잊으신 물건은 없으십니까?"

MK 택시는 기사가 4대 인사를 하지 않으면 요금을 받지 않겠다고 선언했다. 친절을 서비스의 핵심에 둔 것이다. 그 결과 MK 택시는 일본 택시업계에 돌풍을 일으켰으며, 안동병원뿐만 아니라 친절경영을 하고자 하는 기업은 어디서나 벤치마킹하는 곳이 되었다.

2008년에 나는 직원들과 함께 연수단을 꾸려 일본 교토에 본사가 있는 MK 택시를 방문하여 직접 시승체험을 했다. 안동병원에도 두 차례 방문하여 교육을 받았다. 배운 내용을 우리 지점에서도 당장 실천하기로 했다.

지점에서 매일 친절봉사 교육을 진행했다. 직원 중에서 돌아가며 교육진행자를 지정하여 서로 교육하도록 했다. 지속적인 훈련을 통해서 친절한 인사 습관이 완전히 몸에 배게 하는 것이 첫째 목표, 이 교육을 통해서 전 직원이 고객 중심적인 사고를 갖게 하는 것이 둘째 목표였다. 친절봉사 교육을 통해 "협동조합의 주인은 조합원이다"라는 정신을 구축하고자 했다. 친절봉사 교육은 시간이 흐르면서 그 내용과 형태는 계속 변화하고 발전했지만, 20여 년이 지난 지금까지도 변함없이 실천되고 있다.

이런 변화를 누구나 다 반긴 것은 아니었다. 한 직원은 강력하게 추진된 친절봉사 교육을 감당하지 못하고 스스로 사표를 쓰고 직장을 떠나기도 했다. 하지만 더 좋은 조직으로 거듭나기 위해서 계속 변화하고 혁신해야 한다는 내 생각은 바뀌지 않았다. 이후로도 앞서나가는 혁신 조직의 체질을 기회가 있을 때마다 조직과 내가 함께 배우기 위해 노력했다.

삼원정공에서 실천하는 '초 관리 운동'에서도 신선한 감동을 받았다. 이것은 연봉을 근무 시간으로 나눠 초 단위로 원가를 산출하며 생산성을 올리려는 경영활동이다. 이를테면 일상에서 무심코 이루어지는 행위를 원가로 환산하여 시간 낭비를 막자는 운동이다. 근무 중 담배 한 대 피우는 시간은 2,100원을 낭비하고, 전화 거는 데는 1,260원을 낭비하고, 커피 마시며 노닥거리는 데는 4,200원을 낭비하는 것이라면 당신은 어떻게 할 것인가 하고 반문하게 한다.

삼원정공으로부터는 조직 관리 리더십에 관해서도 배움을 얻었다. 삼원정공의 출근 시간은 간부부터 하위직으로 내려갈수록 늦어진다. 사장이 가장 일찍 출근하며 솔선수범하고 있었다. 성공한 조직은 리더가 조직과 조직원에 대하여 무한한 책임을 갖고 '죽을 힘을 다하는 자세'로 일할 때 일궈진다는 것을 확인할 수 있었다.

나는 조직 역량을 키우기 위하여 두 가지 프로그램을 기획하고 실천했다. 조직원의 분명한 방향성 인식과 굳은 일체감 형성을 위해 지점만의 워크숍을 가졌다. 소수 인원이지만 지점 전 직원이 연초에 해당 연도 사업목표를 분명하게 인식하고 이를 달성하기 위해 하나가 되도록 하는 것이 워크숍의 목적이었다. 그리고 직원의 가족을 농협 사업 추진에 매우 소중한 동반자로 인식하여, 직원과 가족이 함께하는 문화행사를 상·하반기 연 2회 개최하였다.

이때를 시작으로 20년이 지나도록 매년 지점에서, 그리고 전무로 부임한 2005년 이후에는 본점 단위에서 워크숍과 문화행사를 진행했다.

조합원의 실익사업을 찾아내다

"협동조합의 주인은 조합원이다"라는 명제를 정하고 나니 나아갈 길이 명확해졌다. 조합원이 원하는 일, 조합원이 필요로 하는 일을 찾아서 하는 것이다.

당시 지역농협에서는 명절인 설날과 추석에 맞추어 '생활물자 이동판매 사업'을 실시했다. 지역농협의 연쇄점(지금의 하나로마트)에서는 각종 생활용품을 판매하였는데, 설과 추석에는 밀가루, 설탕, 술 등을 트럭에 싣고 전 영농회를 순회하며 조합원에게 판매했다. 조합원이 직접 농협 연쇄점에 나와서 생활용품을 사는 번거로움을 덜어주자는 취지였다.

나는 이 생활물자 이동판매 사업을 상시화하면 많은 조합원에게, 특히 연로한 조합원에게 큰 도움이 되리라 생각했다. 당시에는 자동차 수도 많지 않고 대중교통 운행 횟수도 적었으니 그 효과가 클 것으로 예측했다.

조합원의 소비 패턴을 분석하여 2주에 1회 조합원이 사는 마을을 방문하기로 했다. 방문 날짜와 시간 그리고 상품 목록을 작성하여 모든 조합원에게 미리 안내했다. 농협이 보유한 1톤 트럭에 각종 생활용품과 식자재 그리고 음료와 개 사료를 싣고 조합원의 주거지를 순회했다. 이 사업을 통해 연로한 조합원은 물건을 사러 일부러 농협까지 나올 필요가 없어졌다. 이 사업을 하면서 큰 보람을 느낀 나는 조합원에게 실익이 되는 사업이 무엇인지 계속 찾았다.

기존 사업에 대한 홍보도 강화했다. 농협중앙회와 아산병원은 협력사업을 진행하고 있었는데, 농협 조합원이 아산병원을 이용하면 입원비와 치료비를 10% 할인한다는 내용이었다. 이 사업을 관내 조합원에게 알려서 필요한 사람이 최대한 활용할 수 있도록 했다. 조합원은 협동조합의 주인이다. 각자가 누릴 수 있는 이익과 편의는 당연히 알고 있어야 한다.

근로자의 재산형성을 위해 출시된 '재형저축'에 버금가는 높은 이율이 농어민에게 지급되는 상품이 눈에 띄었다. 저소득농어민만 가입할 수 있는 '농어가목돈마련저축'의 금리는 무려 21%였다. 농협에서 대출받아 가입하더라도 이득을 보는 상품이었다. 이 상품을 적극적으로 판매키로 했다. 농업인 조합원에게 경제적으로 큰 혜택이 돌아가기 때문이었다.

전 조합원 가정에 안내장을 배부하고 전사적으로 해당 상품 판매를 추진하였다. 조합원의 호응은 컸고, 우리 농협은 경기도 지역 본부 관내 추진평가에서 당당하게 1위를 차지했다. 우리 지점의 실적이 월등히 높았기에 얻은 결과였다. 이때의 성과는 나에게 농협 사업 추진에 큰 자신감을 주었다.

작은 성공을 맛본 자만이 더 큰 성공을 이룰 수 있다고 했던가! 나는 이어 화재공제(보험) 홍보에도 관심을 두고 적극적으로 추진했다. 세간에는 보험에 대한 부정적인 인식도 있지만, 아주 저렴한 보험료로 화재 발생 시 큰 보상이 주어지는 상품이 있었다. 모든 조합원에게 이 상품에 관한 안내장을 발송하고 만나는 사람마다 설명했다. 이 역시 많은 가입자를 모아, 농협 전국 단위의 화재공제평가에서 최상위권으로 평가되는 성과를 냈다.

또한, 고객들이 자금 관리를 편하게 하도록 전화를 이용한 예금 조회·이체 등 텔레뱅킹 사용법을 대대적으로 홍보하였다. 내가 속한 지점은 고객들의 연령층이 높아 텔레뱅킹 이용률이 떨어졌다. 나이 드신 분들은 새로운 방식을 귀찮아하거나 사용법을 배우기 어려워하는 경우가 많았다. 하지만 금융업무가 텔레뱅킹과 인터넷으로 이전되는 추세였고, 텔레뱅킹은 익숙해지면 이용자에게도 큰 편리를 가져다주는 방식이었다. 텔레뱅킹 보급의 필요성에 대해 전 직원을 충분히 이해시킨 후 적극적으로 홍보에 나섰다.

영업장에 일반 전화기를 설치하고 직원이 방문 고객에게 권유하고 직접 가입 처리를 해드렸다. 그 결과 경기도 지역 본부 내 사무소 평가에서 2위를 했다.

이렇게 조합원에게 실익이 되는 사업을 추진하면서 우리 역시 많은 것을 얻었다. 사업이 호응을 얻고 조합원들이 기뻐하는 모습을 보면서 협동조합 사업에 대한 자신감이 굳건해졌으며, 나와 직원들의 직업에 대한 만족감, 자부심도 커졌다. 농협은 세상과 사람들에게 도움이 되는 직장이며 내가 그곳에 이바지하고 있다는 생각은 사업을 추진하는 데에도 삶을 살아가는 데에도 큰 힘이 되었다.

전문가의 길을 향하여

1998년, IMF 금융위기가 한국 사회를 강타했다. 양평은 공장이 없고 급여 생활자도 거의 없는 지역이다. 그 때문에 공장지대나 도시지역보다는 상대적으로 피해가 적었다. 그러나 대부분의 금융기관이 구조조정을 시행하면서 우리 지역농협도 인력을 감축해야 했다. 한 사무소에서 함께 근무하던 선배, 동료직원들이 명예퇴직이란 이름으로 일터를 떠났다.

이 일은 나에게 엄청난 충격이었다. 농협에 입사한 지 13년 차. 다소 일찍 간부직원 시험에 합격한 나는 상무로서, 지점장으로서 앞으로 정년까지 안정적으로 근무할 수 있을 것으로 생각했다. 그런데, 현실은 그렇지 않음을 목격한 것이다. 사회와 조직의 필요성에 따라, 나도 언제든지 나의 의사와 관계없이 농협을 떠나야 할 수도 있다는 생각에 불안했다.

지금까지는 한 직장에 들어가 정년까지 안정적으로 신분보장을 받으며 살아올 수 있었지만, 이제는 그런 시대는 끝난 것이다. 현재 농협 직원으로서 현실에 안주하면서 뚜렷한 삶의 목표도 없이 그냥 대충 살다간 가변적인 이 사회가 언제든 나를 절망에 빠뜨릴 수 있다. 번듯한 추억도 하나 남기지 못하는 허망하고 허망한 삶이 될 수도 있는 것 아닌가.

이때 나를 완전히 사로잡은 것은, 고인이 된 자기경영전문가 구본형 작가의《익숙한 것과의 결별》이었다. 책에서 저자는 자기경영을 통해 전문가로 거듭나야 평생토록 신분보장을 받는다고 했다. 또한 전문성을 획득할 분야를 선택할 때는 내가 진정 좋아하고 잘할 수 있는 것을 찾으라고 조언했다. 구본형 작가는 세계적 기업인 IBM에서 꽤 안정적인 직장생활을 하다가, 본인이 좋아하고 또 잘할 수 있는 글쓰기에 전념하여 성공했다.

나는 내가 선택할 전문가의 길이 무엇인지 며칠을 고민했다. 그리고 전문가의 길로 나아갈 만큼 내가 잘하는 일이 무엇인지 찾아보았다. 말하기, 공부하기, 분석력, 친화력, 창의성, 추진력. 그러나 이러한 장점은 경쟁을 돌파하기엔 너무나 주관적이고 기준이 모호하다. 어떤 사람이나 노력하면 일정 수준에 달할 수 있는 장점이다.

그렇다면 나만이 가질 수 있는 객관적인 경쟁력은 어디에서 찾을 것인가. 40대 초반의 나는 아직 이루어 놓은 것이 없었다. 지금까지 오랜 시간 해 왔던 일은 농협경영에 관여하는 중간관리자 역할뿐이었다. 유망 직종에 대해 시장조사를 하였더니 '경영지도사' 자격증이 많이 거론되고 있었다. 금융권에 종사하는 많은 사람이 이 자격증을 취득한다고 했다.

경영지도사 자격증을 취득하기 위해서는 우선 약 3개월의 양성과정을 이수해야 한다. 나는 매주 3, 4회를 서울 남부터미널 부근의 교육장에 드나들었다. 경기도 양평에서 교육장까지 이동하는데 2시간이나 걸렸다. 수업을 받고 집에 오면 거의 자정이었다.

과정을 이수한 후에는 본 시험을 통과하기 위하여 수개월 간 주말마다 서울 종로에 소재한 학원에 다녔다. 주로 세무강의를 듣는 과정이었는데, 토요일 저녁을 서울 어머니 댁에 묵으며 열심히 공부했다.

이런 과정을 거쳐 자격시험을 치렀는데 천만다행으로 합격하여 중소기업청이 발행하는 재무관리 부문 경영지도사 자격증을 취득했다. 종이 한 장에 불과한 경영지도사 자격증이었지만, 이를 취득하면서 나는 확실한 수확을 얻었다. 앞으로 나의 진로를 확정한 것이다.

'농협경영전문가'

얼마나 우아하고 멋진 말인가.

경영지도사 양성과정을 이수하면서 들은 이야기 중 특히 깊이 공감한 말이 있었다.

"경영지도사는 현재 일하는 분야에 집중하는 것이 성공할 확률이 높습니다."

지극히 상식적인 이야기였다. 그러나 상식적인 일을 이루는 데는 엄청난 인내가 필요하다. 죽음마저 마주 볼 수 있는 용기와 간절함이 있어야 한다. 나는 이 자격증을 취득한 이후 앞으로 최고의 성과를 만들어 내겠다고 결심했다. 나는 내가 속한 지점, 사무소의 업무성과 목표를 자연스러운 일인 양 1등으로 설정했다. 나는 최고의 성과와 경험을 바탕으로 제대로 된 경영 노하우를 전수하는 능력 있는 경영컨설턴트가 되겠다는 비전을 세웠다.

나는 농협 경영 책임자인 지점장으로서 내가 속한 지점을 최고 탁월한 지점으로 만들어보자 결심하고 지금까지 흔들림 없이 유지해왔다. 그런 점에서 40대를 맞이하며 서울 남부터미널 강의장으로, 서울 종로의 학원으로 쫓아다니면서 힘겹게 공부한 보람이 있었다. 생각이 나의 행동을 바꾸어 놓은 것이다.

1999년에 양평농협 강하지점장이 되었다. '2급 을' 직급의 상무에서 '2급 갑'으로 승진하면서 이동했다. 전임사무소 3년간의 지점장 생활에서, 협동조합을 제대로 세우고 지속하여 성장·발전하게 하는 길은 농협의 주인인 조합원을 위하여 진정성을 갖고 최대한 노력하는데 있다는 것을 깨달았다. 또한, 이왕 일할 바에는 제대로 하고 그 목표를 탁월한 수준인 1등으로 하자는 의욕을 갖게 되었다.

중요한 것은 이런 자세로 일한 결과 나름대로 만족할 만한 수준의 결과가 나와서 협동조합 일에 자신감이 붙었다는 점이다. 만일 성과를 내지 못하고 잦은 실패가 이어졌다면 자신감이 아니라 패배감에 휩싸여 향후의 농협 경영에 상당히 부정적인 영향을 주었을 것이다.

그러나 좋은 경험과 함께 경영지도사 자격증을 취득하기 위한 과정을 거치면서 나의 미래를 '탁월한 농협경영전문가'로 설정한 것은 내가 해야 할 일이 무엇인지, 조합원을 위하여 내가 할 수 있는 사업이 무엇인지 끊임없이 모색하게 했다. 그 덕분에 나의 이상적인 농협 상(像)인 '농협다운 농협 만들기' '1등 농협 달성'이란 꿈이 바로 이 시기에 가닥을 잡았다.

나는 전임 지점에서 시행했던 조합원을 위한 사업들을 새로 부임한 지점에서도 시행했다. 월 2회 생활용품 이동판매를 진행하고 전 조합원을 대상으로 고금리의 농어가 목돈마련저축, 화재공제를 권유하여 공격적으로 가입시켰다. 몇천 원에 불과한 화재공제에 가입한 조합원 가정에서 화재가 발생한 적이 있었다. 커다란 재산 손실을 보았지만 미리 공제에 가입한 덕에 적지 않은 공제금을 받아 그 조합원은 새로운 희망을 가꾸어 나갈 수 있었다. 조합원이 행복해할 때 농협의 직원으로서 나의 일이 얼마나 보람 있고 의미 있는 일인지 체감했다.

기존에 했던 사업 이외에 새로운 사업들을 발굴하면서, 새로운 사업이란 그리 먼 곳에 있는 것이 아님도 알게 되었다. 조합원을 위한 사업이 꼭 거창할 필요도 없었다. 가깝고 사소한 일에서 도움받았다고 느끼고 감동하며 농협 사업에 더욱 참여하는 조합원을 종종 보았다.

연로한 조합원이 이용하는 운반구는 주로 경운기 정도이다. 본격적인 영농철이 도래하면 많은 조합원이 경운기를 끌고 농협을 방문하여 제법 무게가 나가는 화학비료 등을 구매한다. 여간 힘든 일이 아닐 수 없다.

연로한 조합원에게 편의를 제공하자는 취지로 비료 예약판매 사업을 시작했다. 농번기에 사용할 비료를 사전에 신청받아, 농한기를 이용하여 농가의 창고에 비료를 배송하는 사업이었다. 조합원에게 편리한 것은 물론 농협으로서도 농번기에 사무소의 혼잡을 피할 수 있어 조합원과 고객에 대한 서비스를 개선하는 효과가 있었다. 시행한 지 3년 차가 되니 조합원이 경운기를 끌고 나오는 모습을 볼 수 없을 정도로 예약판매사업은 완전히 정착되었다.

화학비료 예약판매사업이 활성화되자 영농자재 주문배달 사업도 적극적으로 추진하였다. 조합원이 사무소를 방문하여 각종 농약, 비닐 등 영농자재를 주문하면 약속한 날짜에 조합원이 원하는 장소로 배송하였다.

또한, 당시 관내에 젖소 사육 농가가 꽤 있었는데 이 조합원을 대상으로 가축공제 상품 가입을 적극적으로 권유했다. 가축공제는 공제료의 약 50%를 정부에서 지원하기에 경제적 부담은 적지만, 폐사 등 사고빈도가 높은 양축 농가로서는 매우 필요한 상품이었다. 그런데도 제대로 홍보가 되지 않은 탓인지 지점 관내의 낙농 조합원 대부분이 미가입 상태였다.

우리 지역 내의 농협에서 이 상품에 관심을 두는 사무소는 거의 없었다. 축협에서 할 일이라고 생각한 탓인지 모르겠다. 사실 젖소의 폐사 등 사고 접수가 되는 즉시 직원이 현장에 나가서 보고하는 등 신속하게 조치해야 하는 번거로운 일이 많기는 하였으나, 가입 농가는 상당한 경제적 손실로부터 보호받을 수 있기에 농협 직원으로서 여간 보람된 일이 아닐 수 없었다.

구본형 작가는 "경쟁력이 곧 공헌력이다"라고 했다. 농협의 경쟁력은 조합원과 농협 고객을 위한 공헌력이다. 조합원이나 농협 이용 고객에게 이바지할 수 있는 사업들을 일관성 있게 추진해나간다면 농협의 경쟁력은 자연스럽게 확보될 것이다.

조합원에게
무엇이 필요한가

1,600평 주차장에 김장 시장을 펼쳐라

전임 사무소에서 3년 동안 지점장으로 근무한 후, 2002년에 나는 신설지점의 초대 지점장으로 부임했다. 이 지점은 읍의 중심지에 있었고 부지면적은 약 1,600여 평이었다.

신설지점에서 담당하는 업무는 실로 방대했다. 농업에 종사하는 조합원을 대상으로 하는 각종 영농자재 판매사업, 조합원이 생산한 농산물을 서울 도매시장 등에 유통하는 판매사업, 군부대의 급식사업을 지원하는 군납사업, 조합원이 보유한 농기계 수리를 위한 농기계 수리센터 운영, 자동차정비를 지원하는 카센터 운영, 축산물직판장 운영 등 농협의 전반적인 경제사업을 모두 수행하고 있었다. 여기에 기존의 신용 간이 지소를 통합하여 지점 규모로서는 상당히 컸고, 이에 따라 막중한 책임이 수반되는 사무소였다.

하지만 두려움이나 걱정은 없었다. 지난 시간을 되돌아보면 다소 어설픈 시절도 있었지만, 경제 상무로서 일에 최선을 다해왔기 때문이다. 그 이후 지점장으로 재임하면서 조합원을 위한 다양한 사업을 스스로 발굴하며 최선을 다해 실천해 왔다. 또한 구체적인 성과를 만들어 냈다고 자부하고 있었다.

오히려 이제 그동안 접하지 못했던 일들을 새롭게 추진할 수 있다는 기대감이 나를 설레게 하였다. 이는 아마도 스스로 설정한 '탁월한 농협경영전문가'라는 뚜렷한 비전이 있었기 때문일 것이다. 머지않은 장래에 나는 지역농협의 실무총괄책임자인 전무가 될 것이고, 그날을 위해서 현재 신설지점의 지점장으로서 안정적인 역량을 보여주어야 했다.

우선 사무소 정비에 온 신경을 썼다. 사무소 근무 여건이 열악하여 경제사업장에서 근무하는 직원들의 만족도는 매우 낮았다. 사무소 부지면적은 넓은데 빈 공터에 포장을 제대로 하지 않아 출입문을 열면 흙먼지가 사무실로 밀려왔다. 청소한 보람도 없이 사무실은 늘 불결하게 보였다. 직원들의 보건 측면에서도 보통 심각한 상태가 아니었다. 왜 이런 환경을 그대로 내버려 뒀느냐고 직원들에게 물어보니 한결같이 "건의를 해봐야 시정되지 않았다"며 이제는 체념 상태라고 했다.

나는 조합장에게 아스콘 포장을 하자는 기안을 올려 넓은 주차장을 깔끔하게 단장했다. 그리고 농기계 수리센터 등의 작업장에서도 종전에 무시되었던 건의사항들을 하나씩 풀어가면서 사업장 분위기를 개선해 나갔다.

이미 전 직원을 대상으로 사무소 내 청소구역을 배정하여 실시했는데, 이와는 별도로 넓은 주차장을 비롯한 전 사업장의 청결 상태를 유지하기 위해 월 2회 대청소를 시행했다.

사무실의 환경정비를 마무리하고 사업을 발굴하기 시작했다. 가을 문턱에 들어선 어느 날, 아스콘이 포장된 1,600평의 넓은 주차장을 바라보면서 생각했다.

'이 주차장에 제대로 된 김장 시장을 펼쳐보면 어떨까?'

신설지점 사무소는 어떤 사업을 하더라도 성공 가능성이 매우 큰, 최적의 조건을 갖춘 공간이었다. 우선 양평읍 중심부에 소재하고 있다. 바로 옆에 버스터미널이 있었다. 본점은 4개 읍면의 농협이 합병된 사무소인데 이 신설지점은 그동안 주로 4개 읍면에 거주하는 조합원의 영농과 관련한 영농자재 공급 등 전반적인 경제사업을 수행해온 사무소였다. 지점의 지리적인 여건, 그리고 조합원의 영농과 관련한 경제사업을 수행해 온 관계를 충분히 고려해 본 결과 김장 시장이 떠올랐다.

처음에 김장 시장 개설과 관련하여 주변 직원에게 넌지시 타진해보았을 때, 돌아온 반응은 차가웠다. 대규모의 김장 시장은 도시에서나 성공할 수 있는 사업이고, 이곳은 전형적인 농촌이자 생산지에 가까우므로 성과를 기대할 수 없다는 의견이었다.

물론 그동안에도 김장 시장이라는 이름을 걸고 사업을 진행해 왔다. 그러나 예전 김장 시장은 본점의 연쇄점(현재의 하나로마트) 앞에서 조합원이 생산한 배추 등을 진열해놓고 20여 일간 판매한 것이 고작이었다. 판매실적은 대략 500만 원으로 미미한 수준이었다.

나는 김장 시장을 대규모로 개설한다면 종전의 판매실적을 훨씬 능가할 것이라고 확신하고 구체적인 구상에 들어갔다. 이왕 한다면 김장재료 전체를 모아 거대한 판을 벌이고 싶었다. 농협 브랜드는 보편적인 공신력이 있기에 충실하게 준비한다면 반드시 성공할 것이라 믿었다.

나는 주차장 부지 1,600평을 최대한 활용하여 거대 규모의 김장 시장을 기획했다. 양평군 내 농협에서 처음으로 시도한 사업이었다. 우선 양평군 주민을 대상으로 하는 유선방송과 관내 업소에 "양평농협 김장 시장 판매 주부 사원 모집"이란 광고를 내보냈다.

주부 사원 모집이란 광고였지만 사실은 농협 주차장에 대규모의 김장 시장을 개설한다는 광고였다. 6명의 주부 사원을 채용하였다. 그리고 모든 조합원을 대상으로 대대적인 김장 시장 개설을 알리는 홍보지를 배부하였다. "최상의 김장재료를 저렴한 가격으로"라는 구호로, 산지에서 직송한 김장재료 시장을 양평농협에서 개설한다는 내용을 집중적으로 홍보하였다.

다음으로 힘쓴 것은 김장 시장 판매실적을 높이기 위한 만반의 준비였다. 전 직원을 대상으로 1인당 100~200포기의 판매 목표를 할당했다. 직원들 사이에서 별 목표를 다 할당받는다는 볼멘소리가 나왔지만, 일정한 성과를 만들기 위해서는 전 직원의 참여가 꼭 필요함을 강조했다. 그리고 대량 주문을 할 수 있는 우리 지역 내의 식당은 물론이고 다른 지역에서도 주문을 받아왔다. 당시 내 아내는 용문산 관광지에서 통역 가이드를 하고 있었는데, 용문산 관광지 내의 여러 식당에서 상당한 양의 김장재료 주문을 받아왔다.

직원별 할당된 배추포기 수를 합산하니 많은 양이 확보되었다. 김장 시장에서 우리가 목표한 배추량 판매가 이루어진다면 이에 수반되는 부재료의 판매는 자연스럽게 따라오는 것이다. 소비자가 일괄구매를 할 수 있도록 모든 김장재료를 다 갖추었다. 최상급의 새우젓 등 젓갈류를 벌크로 비치하고 각종 김장용 채소와 부재료를 넓은 주차장에 늘어놓았다.

당시 우리 농협에는 3개의 지점이 있었는데 지점별로 직원 1명, 차량 1대를 김장 시장에 배치하도록 요청하여 주문받은 김장 채소를 4대 차량으로 신속하게 배달했다. 이렇게 주말도 없이 20여 일 동안 시장을 열었다. 제대로 구색을 갖춘 대대적인 김장 시장이었다. 2002년 입동부터 시작하여 20여 일 동안의 매출은 무려 1억 2천만 원이었다. 이전에 같은 기간 동안 올린 매출 500만 원의 20배가 넘었다. 지점 내의 전 직원과 김장 시장 주부 사원들이 눈과 비를 맞으면서 만든 성과였다.

조합원이 생산하여 판매 요청한 김장재료를 전량 적정가격으로 수매하였으므로 조합원은 대만족이었다. 질 좋은 김장재료를 시장 가격보다 저렴하게 사들일 수 있었으니 소비자 또한 만족했다. 바로 이런 일이 농협에서 해야 할 일이 아닌가? 김장 시장은 이듬해인 2003년에도 이어졌다. 이때도 역시 대성공이었다.

500만 원 수준의 매출에 그치던 김장 시장이 첫해에 1억 2천만 원의 판매실적을 거둔 일은 예상 밖의 성과였다. 사무소의 입지 조건을 바탕으로 전 직원들이 마치 군대에서 작전을 수행하는 것처럼 일사불란하게 업무에 임해준 결과였다. 이때 김장 시장을 개장하여 성공한 경험은 그 이후, 사업 추진의 커다란 동력이 되었다. 작은 성공이 쌓이면 큰 성공도 자연스럽게 다가온다.

고추 모종을 팔아라

사업에 성공하기 위해선 추진하고자 하는 당사자가 이 사업을 왜 해야 하느냐는 목적성이 명확해야 한다. 가능한 한 목표를 최고로 설정하고 이를 달성하기 위하여 모든 수단을 총동원하고 한 방향으로 매진해야 한다.

미국의 대표적인 경영평론가인 짐 콜린스(James Collins)와 제리 포라스(Jerry Porras)는 저서 《성공하는 기업들의 8가지 습관(Built to Last: Successful Habits of Visionary Companies)》에서 목표(Goal)는 거대하고(Big), 대담하며(Hairy), 도전적(Audacious)이어야 한다는 BHAG 법칙을 내세웠다. 나는 김장 시장을 진행하면서 이 법칙의 힘을 확실하게 실감했다. 이후, 나는 사업 목표를 정할 때는 BHAG 법칙 기준에 따랐다. 그리고 이렇게 시도한 사업은 동료들의 헌신에 더해 운까지 따라주어 늘 만족할 만한 성과를 냈다.

부임 첫해에 김장 시장을 개설하여 이만한 성과를 거두었으니 첫해의 경험을 바탕으로 미비점을 보완하여 다시 시행한다면 김장 시장은 내년에도 성황을 이룰 것이다. 김장 시장은 앞으로 하반기 중점사업으로 정례화할 수 있을 터였다. 그렇다면 상반기에는 어떤 사업을 하는 것이 좋을까. 나는 지금까지 진행한 농협의 경제사업을 하나하나 들추어보면서 아이템을 모색했다. 고추 모시장이 눈에 들어왔다.

고추 모의 유통시장을 살펴보니 일부 농가에서는 자체적으로 고추 모종을 재배하고 부업 차원으로 잉여량을 소비자에게 판매하고 있었다. 그리고 거의 모든 조합원은 일반 농자재 판매업자로부터 모종을 사들이고 있었다. 양평군 내에서 조합원이 사들이는 고추 모 유통량을 파악해보니 생각보다 규모가 컸다.

그런데 일반 업자로부터 구매하는 고추 모종은 확실한 품질보증을 받은 것이 아니다. 이러한 시장 구조에서 공신력 있는 농협이 품질을 보증하는 모종을 납품하는 일은 생산자인 조합원을 비롯한 소비자에게 매우 필요하고도 중요한 일이었다.

나는 고추 모종을 판매하겠다는 의중을 갖고 직원들에게 의견을 물어보았다. 역시 부정적인 의견이 지배적이었다. 예전에도 농협에서 모종 사업을 추진한 적이 있었는데 실패했다는 것이다. 소비자들이 모종을 구매하고 나서 농사에 실패하면, 재배상의 실수 등은 전혀 인정하지 않고 농협에서 판매한 모종 자체의 품질을 문제 삼아 민원을 제기해와 농협의 다른 사업까지 영향을 받았다고 했다. 직원들은 모종 판매사업을 하지 않는 것이 좋겠다고 했다.

하지만 나는 물러서지 않았다. 고추 모종을 필요로 하는 조합원은 많았다. 또한 많은 조합원이 검증되지 않은 일반 업자로부터 모종을 매입하고 있었다. 만약 종자가 불량하거나 부실하게 육묘

한 모종을 매입했다가는 고추 농사를 망칠 수도 있다. 그렇다면 농협이 우수 재배농가를 선정하여 우량 종자를 공급하고, 제대로 육묘한 우량 모종을 조합원, 고객에게 판매한다면 조합원, 고객 모두에게 이익이 될 것 아닌가? 그것이 바로 농협의 역할이 아닌가? 이런 논리로 직원들을 설득했다.

이 사업의 성공 여부는 두 가지에 달려 있었다.

우선 최상의 우량 모종을 생산해야 한다. 이를 위해서 농협 조합원 중에서 고추 모를 길러 본 경험이 많은 농가를 선별했다. 이 농가들을 소집하여 재배과정을 교육하고 농협에서 우량 종자와 모판흙을 일괄적으로 재배 농가들에 공급하였다.

고추 모종의 육묘 기간은 대략 3개월이다. 지점장인 나는 담당 직원과 전직 농촌지도소 출신인 영농상담사와 함께 주 1회 간격으로 재배 농가를 현장 방문하며 3개월 동안 육묘 상태를 확인하고 지도했다.

재배 농가의 역할은 육묘하우스에서 최상의 우량 모종을 생산하는 일이다. 합격한 모종을 하우스 밖에 있는 농협 차량에 인도하는 것으로 농가가 해야 할 일이 끝난다. 나는 품질관리에 조금도 허술함이 없이 매사를 일일이 확인했다. 그리고 2년 차인 2004년도에는 농가가 출하하는 고추 모종 상자에 생산자인 농가의 실명 스티커를 부착하였다. 농협에서 출하농가 실명제를 도입하여 완전한 품질보증을 한 것이다.

두 번째의 모종 사업 성공 열쇠는 홍보였다. 농협에서 대대적으로 모종 사업을 추진한다는 내용을 마을을 순회하며 전 조합원에게 알리고 사전 예약주문을 받았다. 예약주문을 한 조합원에게는 단가 할인을 했다. 그리고 양평군 전역에 고추 모를 판매한다는 안내 현수막을 내걸었다. 4월 중, 하순부터 5월 중순까지 직원들은 거의 한 달 동안 휴일도 없이 엄청난 고생을 했다.

농협에서 최상의 우량 품질 모종을 준비하고 전사적으로 사업을 홍보한 후 판매에 나섰다. 1,600평의 주차장에 시장판을 벌리고 일반 고추, 청양고추, 오이고추를 비롯하여 토마토, 고구마, 참외, 상추 등의 모종을 늘어놓았다. 성공을 못하면 오히려 이상한 일이라 할 것이다. 첫해 판매한 고추 모종은 27만 그루였다. 그다음 해는 63만 그루를 판매했다. 모종 품질에 대해서 크게 신경 쓸 만한 민원도 없었다. 대성공이었다.

참여한 재배 농가는 농한기 3개월 동안 노력하면 상당한 금액의 소득을 올리고, 소비자는 우량 모종을 사들일 수 있어서 그 만족도는 매우 높았다. 2002년 김장 시장의 성과에 이어서 2003년에도 모종 시장을 성공시킴으로써 나는 이후 농협 사업을 추진하면서 자신감을 갖게 되었다.

기존의 농협 사업을 병행하면서 상반기에는 고추 모를 비롯한 각종 모종 시장, 하반기에는 대대적인 김장 시장을 추진하여 성공했다. 이로써 신설지점은 조합원이 생산한 농산물을 적정가격으로 소비자에게 판매하여 조합원에게 실질적인 이익을 가져다주는 농협다운 농협이란 이미지를 얻게 되었다.

농협의 브랜드를 믿고 간다

김장 시장과 모종 시장의 성공은 목표를 크게 세우고, 이를 달성하기 위한 모든 수단을 총동원하여 전 직원이 일사불란하게 추진한 것, 그와 더불어 '농협 브랜드'의 높은 가치가 있었기 때문에 가능했다.

사회에서 인정하는 농협 브랜드의 가치는 농협 직원이 인식하는 수준보다 높다. 이는 농협 사업의 추진이 상대적으로 수월함을 의미한다. 이러한 유리한 조건을 갖춘 농협임에도 불구하고 농협 사업이 제대로 성공하지 못하는 이유는 목표가 명확하지 않거나, 목표를 대충 세운 데서 비롯된 경우가 많다. 그리고 사업 목표를 달성하겠다는 뚜렷한 의식과 열정 없이 건성으로 사업을 추진한 탓도 있을 것이다.

나는 지금도 두 가지 조건만 충족시키면 농협 사업을 성공적으로 이끌 수 있다고 믿는다. 목표는 분명하게, 가능한 한 높게 설정하고, 이를 달성하기 위하여 전 직원이 전사적으로 나아가는 추진력을 발휘하는 것이다.

내가 관장하는 사업장에는 소규모의 축산물직판장이 있었다. 2002년 부임 당시 이 축산물직판장은 이름만 직판장이지 실은 위탁 체제로 운영하고 있었다. 일정 기간이 지난 후 이를 직영체제로 전환하였다. 20여 평의 소규모 매장이지만 정육사 등 전문 인력도 확보하여 최상의 품질과 정량을 고수하면서 저렴한 가격으로 판매했다. 그러나 기대만큼 성과가 나오지 않아 나를 포함한 관계 직원들이 애를 태우고 있었다.

그런데 기회가 찾아왔다. 외국산 소고기가 수입되고 국내 한우 사육 두수가 증가하면서 솟값이 폭락했다. 그러자 한우를 사육하는 조합원을 위해서 한우 소비 촉진 방안을 모색하라는 조합장의 지시가 있었다. 이에 우리는 조합원 약 3,000여 명을 대상으로 한우 소비촉진 홍보를 펼쳤다.

"돼지고기 삼겹살 가격으로 우리 한우를!"

당시는 한우고기를 쉽게 사먹을 수 있는 환경이 아니었다. 돼지고기 가격으로 한우고기를 맛볼 수 있다는 홍보물은 조합원을 비롯한 많은 고객의 마음을 사로잡았다. 직판장을 찾는 손님이 하루가 다르게 늘어났다. 양평농협 축산물직판장의 한우가 맛이 좋고

가격이 싸다는 소문이 퍼진 덕이다. 다른 지역에 거주하는 고객으로부터 "양평농협 조합원이 아니어도 소고기를 구매할 수 있냐"고 문의하는 전화가 이어졌다. 서울 여의도 유명 식당 사장님이 소문을 들었는지 직접 찾아오셔서 특정 부위를 지속해서 공급할 수 있느냐며 정육점 직원에게 양주를 뇌물(?)로 주기도 했다. 웃음이 절로 나는 코미디 같은 이야기다. 실제로 그러했다.

이뿐이 아니었다. 일반 소규모 정육점에서도 주인이 거래를 트자고 사무실을 방문하기도 했다. 농협 축산물직판장에서 공급하는 한우가 품질이 너무 좋으나 한 마리는 양이 많으니 정육으로 반 마리를 공급해 달라는 부탁이 들어오기도 했다.

설날이나 추석 명절 때는 진풍경이 벌어졌다. 바로 곁의 일반 정육점에는 손님이 들지 않아 텅텅 비었는데 소규모 매장인 농협 직판장에는 손님들이 매장 밖에 2~30미터 줄을 서서 30분 이상을 기다리고 있었다. 일손이 모자라 책임자 부인들까지 자원봉사를 했다. 농협 축산물직판장의 판매실적은 급상승하였다. 이전에 연간 한우판매 두수는 대략 50~60두 수준이었다. 이렇게 직판장이 활기를 띠면서 평균 3일에 한우 2마리 이상을 도축했다. 연간 200여 두 이상이 판매된 것이다.

우리 농협의 조합원이 사육하는 한우는 물론 축협의 조합원까지도 육질 등 기본 조건만 충족하면 전량 수매했다. 수매가격은 축산물공판장에서 받는 경락가격보다 월등히 높은 수준이었다. 한우를 사육하는 조합원들은 당연히 적지 않은 도움을 받았기에 농협에 크게 고마워했다. 지역사회에서도 양축 농가를 위하여 축협이 해야 할 일을 농협이 앞장서서 하고 있다고 칭송이 자자했다. 나를 포함한 우리 농협의 관계 직원은 수시로 양축 농가의 식사모임에 초대받았다. 농협 직원으로서 최고의 보람과 자부심을 느끼던 순간이었다.

시장은 우리에게 보이는 것이 다가 아니다. 생각하는 것보다 훨씬 거대할 수 있다. 우리 농협에서 운영하는 축산물직판장 사업의 고객은 양평읍 거주자만이 아니다. 양평군 전역의 주민이 대상이 될 수 있고, 더 나아가 서울의 어느 지역이나 다가갈 수 있다. 이뿐만이 아니었다. 일반소비자뿐만 아니라 정육업자까지도 고객이 될 수 있었다. 이는 비단 축산물직판장 사업에만 국한되는 것이 아니다. 모든 농협 사업을 그런 맥락에서 추진할 수 있다. 결국 시장은 만들기 나름이다.

팀워크의 힘을 깨닫다

나는 신설지점에 초대 지점장으로 부임하여 약 2년 7개월간을 재임했다. 이후 우리 농협이 구조개편을 하면서 신설지점 자리에 대형 하나로마트를 건립하기로 했다. 따라서 나에겐 지점을 폐점하는 임무가 주어졌고 타 지점으로 이동해야 했다. 조합원을 위하여 원 없이 사업을 펼쳤던 이 기간은 농협 직원으로서의 비전인 '농협경영전문가'로 가기 위한 훈련 과정이기도 하였다.

나는 이곳에서 재임한 2년 7개월 동안 괄목할 만한 사업 실적을 올렸다. 김장 시장, 모종 시장, 축산물 직판사업 등의 활성화로 신용사업 등 다른 사업도 성장하면서 경기도 지점 업적평가 부문에서 2위를 달성하는 등 높은 경영 성과를 냈다.

지점장으로서 마음껏 사업을 펼칠 수 있었던 것은 무한한 신뢰를 보내준 두 분의 책임자 류병덕 조합장과 신영춘 전무 덕분이었다. 아울러 지점장인 나의 사업 추진 방향에 공감하고 헌신적으로 동참해준 동료직원들 덕분이다. 꽤 오랜 시간이 지났지만 지금도 그때 전 직원의 일치단결된 공동작업을 잊지 못한다. 한마디로 드림팀이었다.

새로이 지점장으로 부임한 사무소는 양평읍 시장 내에 있는, 직전까지 본점이었던 사무소였다. 농협 구조개편에 따라 종전의 본점은 신청사를 준공하여 이전하였다. 새롭게 구성된 10명도 되지 않는 지점 식구들이 20명이 근무하던 본점 사무실에서 근무하게 된 것이다. 경제사업은 전혀 없는 순수 신용 전문 점포였다.

우선 청소구역을 배정해 보니 타 지점에 비해서 적어도 2배 이상 넓었다. 나는 외곽 청소와 화장실 청소를 맡았다. 최소 30분이 소요되었다. 청소하다 보면 땀이 온몸에 흥건했다. 그래도 하루도 빠짐없이 전 직원들과 구역별로 깔끔하게 청소했다. 늘 청결하고 깔끔한 사무실에서 고객들이 업무를 볼 수 있도록 사무 환경을 유지하고자 했다. 그리고 신용 전문 점포로서, 지점의 사업 목표를 최상으로 잡았다.

규모가 작은 지점이었지만, 그동안 성과를 낸 경험을 바탕으로 꾸준히 경영한다면 결과가 있으리라 믿고 직원들을 독려했다. 그 결과 우리 점포는 본점에서 주관하는 지점 대상의 각종 사업 추진 평가에서 1등을 독식하였다. 수시로 이어지는 평가에서 1등을 하여 상금을 받기만 하면 서울 워커힐 등 유명 식당에 가서 단체로 회식했다. 직원들의 사기는 하늘을 찌를 듯하였다. 어떤 사업이든지 목표를 설정하면 그 이상의 성과를 만들어내는 직원들이었다.

나는 2005년 상반기 경기도 지역 본부 내 지점업적평가를 철저히 대비하였다. 결국, 상반기 경기도 신용점포 지점평가에서 도내 1위를 하였다. 전 직원들의 무쇠같이 단단한 일체감 덕분이었다. 믿어주고 함께한 동료들에게 감사하다.

제대로 된 협동조합, 농협다운 농협을
만드는 것이 나의 꿈이다.

2.

기본에
충실한 농협

제대로 된
협동조합을 만듭시다

전무 부임, 기회는 왔다

나는 2005년 초에 전무직급으로 승진했다. 그런데 승급만 했지 전무로 부임하지는 못했다. 나와 함께하고자 하는 조합장이 없었기 때문이었다.

나는 전무가 되기를 간절히 바랐다. 지역농협 직원으로서 갈 수 있는 최고의 자리여서가 아니라, 농협 경영의 전문가가 되고 싶었기 때문이었다. 그간 지점장을 역임하면서 권한 안에서 최상의 사업목표를 설정하고 내가 할 수 있는 최선의 노력으로 그에 어울리는 성과를 달성했다. 이제 지점을 벗어나 단위사무소의 총괄책임자인 전무로서 나를 시험하고 싶었다. 전무로서 능력을 인정받아야 '경영전문가'로 평가받을 수 있지 않겠는가?

일반적인 인사발령으로 치자면 서열상 나는 2005년 초 인사 시에 전무로 부임했어야 했다. 그러나 세상일은 내가 계획하고 바라본 대로 이루어지지 않았다.

전무는 조합장과 호흡이 잘 맞아야 한다. 개인의 사업 추진 능력이 뛰어나다고 하여 맡을 수 있는 자리가 아니다. 단위사무소의 CEO인 조합장과 농협의 실무총괄책임자인 전무가 동반관계를 유지하지 못하면 그 조직은 삐걱거릴 수밖에 없다. 그러면 조직이 추구하는 목표를 제대로 달성할 수 없다. 그런 이유로 각 지역농협의 조합장은 전무를 매우 신중하게 선정한다.

나는 마음속으로 분하고 답답했다. 수일간 잠을 이루기가 힘들었다. 오로지 농협을 위하여 열심히 일만 해왔다고 자부하는데 왜 내가 전무 발령이 거부되었는가? 나는 조합장들로부터 기피 대상인 것인가? 그동안 농협에서 나의 삶을 잘못 살아온 것은 아닌가? 자괴감이 들었다.

이제껏 열심히 달려온 삶이었다. 조합원과 협동조합을 위하여 매진할 준비가 되어 있는데……. 태연히 흘러가는 북한강 물이 참으로 무심하게 보였다. 이렇게 나의 열정이 사그라지는 것은 아닌지 두려웠다.

그런데 그 이후에 나를 자세히 들여다보니 분명 모자란 구석이 있음을 깨닫게 되었다. 나의 첫인상은 남들에게 아주 까칠하게 비치는 듯했다. 매사에 따지기를 좋아할 것 같은 나를, 전무로 안고 가기에는 조합장이 부담스러웠던 것이 아닐까? 자문하고 또 자문했다. 결국, 전무로 부임하지 못한 이유는 나의 부덕이라 받아들이기로 했다.

일자리가 무엇이라고, 직급에 걸맞은 자리를 내주지 않는다고 조바심내는 자신이 왜소하게 느껴졌다. 아직 조합원과 고객을 위하여 해야 할 일이 널려있는데 무슨 조바심을 낸다는 말인가. 강물이 무심하게 흘러가는 것은 긴 세월을 그렇게 흘러온 경험이 있기 때문이고 선산을 지키는 것은 못생긴 나무라 하지 않았던가. 강물은 어떤 상황에서도 쉼 없이 흘러가고 있지 않은가!

풀은 따가운 햇볕이 있을 때 널어 말려야 하고 쇠는 달구어졌을 때 두드리라 했다. 시기가 문제이지 언젠가는 나의 모자람과 부덕에도 불구하고 이 농협에서 나의 쓰임이 있을 것이다. 이렇게 마음을 다잡으니 생각과 몸이 가뿐하고 마음이 명쾌해졌다.

돌아보면 이 기간 감정에 휘둘리지 않고 업무에 전념했던 내 판단을 칭찬하고 싶다. 참으로 잘한 일이었다. 당시에 경험한 내 감정의 진폭은 그 이후, 전무로 부임하여 가끔 마음이 흐트러지거나 게을러질 때 마음 관리를 하는 데 중요한 경계석이 되었다.

결국 그해 8월 하순에 전무 부임 기회가 왔다. 우연인지 필연인지 모르지만, 만남이 겹치면 그것은 숙명적인 인연일 것이다. 20년 전에 처음 출근한 곳이 양서농협이었고, 10여 년 전에 첫 지점장으로 근무한 양서농협에 전무로 발령받았다.

그렇게 속앓이를 하고서 양서농협 전무로 부임하게 되었으니 나의 각오는 어떠했겠는가? 내가 부임할 수 있었던 것은 당시 양평농협 류병덕 조합장과 양서농협 권태형 조합장 그리고 차기 조합장인 여원구 당선자 덕분이었다. 사람은 결코 홀로 설 수도, 성장할 수도 없다. 그나마 믿어주고 함께 하는 사람이 있어 세상은 더 아름답고 살만하다.

여 조합장은 취임하고 나서 심중의 말을 넌지시 건넸다.

"나도 농협 직원으로 입사하여 이제 마지막으로 조합장으로 봉사하게 되었네. 이 전무도 어쩌면 이곳에서 농협 생활을 마무리할 수도 있는데 우리 힘을 합쳐 제대로 된 협동조합을 한번 만들어보세."

나의 꿈도 바로 그것 아니었던가! '제대로 된 협동조합! 농협다운 농협!'을 만드는 것이 목표가 아니었던가. 내가 햇병아리 시절 경영책임자로 모셨던 분을 이제 조합장으로서, 그리고 나는 실무총괄책임자인 전무로서 만난 것이다.

워크숍으로 조직을 가다듬다

부임한 양서농협은 어수선하고 활기를 찾을 수 없었다. 이상적인 조직은 우선 명확한 목표를 공유해야 한다고 나는 믿었다. 조직이 함께 추구할 목표를 설정하고 조직을 통합하는 방안을 모색하였다. 그리고 조합장이 취임한 지 정확히 한 달이 되는 날에 전 직원을 대상으로 1박 2일 워크숍을 기획했다.

"고마운 농협, 변화하는 농협, 우리가 해낸다."

워크숍의 주제였다. 이 주제가 주는 메시지는 분명했다. 신임 조합장이 취임한 이후 협동조합이 지향하는 농협 상을 제시한 것이다. 10년 세월이 지난 지금도 이 주제는 여전히 유효하다.

양서농협이 추진하는 사업은 농협의 주인인 조합원이 농협에 고마운 마음을 느낄 수 있게끔 수행해야 한다. 또한, 이를 위해서 우리 농협이 근본적으로 변화하고 혁신해야 한다. 그렇다면 이런 양서농협을 만들기 위해 우리가 어떻게 변화하고 혁신할 것인가? 이 주제를 가지고 전 직원이 밤을 다투어 토론하며 의견을 모았다. 다음날은 전 직원을 대상으로 하는 외부 강사의 특강을 들었다. 그리고 전날 분임토의에서 도출되었던 다양한 의견을 발표하는 시간을 가졌다.

이러한 시간을 통하여 양서농협이 지향하고자 하는 조직의 목표, 즉 조합원이 고마워하는 농협을 만들자는 분명한 목표가 세워졌다. 그리고 목표를 달성하기 위해 의견 수렴의 기회를 가지며 전 조직원의 일체감을 확인할 수 있었다.

이를 근거로 조직정비 방안을 모색했다. 조직정비는 크게 보아 두 가지 측면에서 진행했다.

첫째는 협동조합의 주인인 조합원과의 소통을 정비하는 것이다. 조합원이 농협 사업에 적극적인 관심을 갖도록 유도하고자 했다. 이런 점에서 조합원 교육은 절대적으로 중요한 일이었다.

나는 전무 부임 이전부터 조합원 교육에 늘 관심이 많았다. 부임 후 신규 가입 조합원을 대상으로 조합원 교육을 진행했다. 처음으로 진행하는 교육이기에 자료도 부실하였을 것이나 교육에 임하는 농협의 자세는 분명했다. 자발적으로 가입한 조합원이 농협을 제대로 알고 농협 사업에 적극적으로 참여해야 농협이 발전할 수 있다고 지금도 믿는다.

둘째는 협동조합의 또 다른 중요한 주체인 임직원을 통합하고 역량을 키우는 일이었다.

변화관리 분야의 대가인 존 코터(John Kotter) 교수는 변화로 성공에 이르는 길에서 "단기간에 눈에 띄는 성공을 끌어내라"고 했다. 초선 조합장으로서 또한 초임 전무로서 첫 번째로 맞이하는 새해는 매우 중요한 해이다. 새로운 집행부의 실질적인 첫 번째 사업연도인 새해에 분명한 성과를 만들어 내지 못하면 변화와 혁신을 통한 성공을 기대하기 어렵기 때문이다. 2005년 9월 여 조합장이 취임하고 한 달이 되는 시점에 "고마운 농협, 변화하는 농협, 우리가 해낸다"는 주제로 전 직원 워크숍을 진행하고, 뒤이어 조합원 교육과 임직원 가족 교육 등을 진행한 이유도 조속히 조직을 정비하고 이른 시일에 분명한 성과를 만들겠다는 강한 의지의 표현이었다.

2006년을 맞이하며 향후 양서농협이 지향하고자 하는 목표는 '농협다운 농협, 1등 농협'이었다. 이것은 '농협경영전문가'라는 꿈을 갖고 양서농협 전무로 부임한 나의 비전과 같았다.

'농협다운 농협.'

농협 직원 20년 차인 나의 머리에 늘 머물던 화두였다. 그간 농협에 대한 부정적인 사회적 인식이나 평가를 숱하게 접했다. 너무 많이 들어 어떤 때는 싫증이 나거나 기가 막히기까지 한 이야기들이었다.

"농업, 농촌은 날로 어려워지는데 농협은 날로 살찌고 있다. 농협은 주인인 조합원을 위한 조직이 아니라 직원을 위한 조직이다. 농협이 본연의 사업은 도외시하고 이익에만 눈이 멀었다."

이런 비판은 지금도 종종 들려온다. 농협에 종사하는 사람에겐 보통 자존심이 상하는 얘기가 아니다. 그러나 냉정하게 생각하면 이런 비판이 현실과 동떨어지거나 과장된 것이 아니다. 그간 협동조합이 협동조합다운 역할을 하지 못했다는 의미이다. "기본으로 돌아가라(Back to the Basics)"고 하는데, 기본에 충실한 농협다운 농협의 정신은 무엇인가?

농협법 제13조에는 지역농협의 설립목적을 "조합원의 농업생산성을 높이고 조합원이 생산한 농산물의 판로 확대 및 유통 원활화를 도모하며, 조합원의 경제적·사회적·문화적 지위 향상을 증대시키는 것을 목적으로 한다"라고 명시하고 있다. 그리고 양서농협의 가치관인 사명에서는 "조합원과 고객의 경제적·사회적·문화적 지위 향상과 지역사회에 이바지하는 초우량 협동조합 구현"이라 명기하고 있다. 농협이 존재하는 것은 조합원의 전반적인 지위 향상을 위해서이다. 결국, '농협다운 농협'은 이를 제대로 실천하는 농협이라 할 것이다.

이렇게 2006년을 맞이하면서 양서농협이 향후 지향해야 할 가치를 기본에 충실한 '농협다운 농협'으로 설정했다. 그리고 양서농협의 임직원이 반드시 달성해야 할 목표를 정했다.

'1등 농협.'

김쌍수 전 LG전자 부회장은《5%는 불가능해도 30%는 가능하다》에서 이렇게 말했다. "5% 성장을 목표로 삼으면 과거 방식대로 움직이기 때문에 4% 성장도 달성하기 힘들다. 그러나 30% 성장을 목표로 삼으면 혁신적인 아이디어를 찾게 되고 접근방식도 달라지기 때문에 기대 이상의 성과를 거둔다.” 목표는 자고로 도전적으로 세워야 한다는 이야기다. 또한 20년간 세계적인 기업 GE(제너럴 일렉트릭)의 CEO로 재임하며 기업 가치를 40배로 성장시킨 신화적인 인물 잭 웰치(Jack Welch)는 세계시장에서 1등, 적어도 2등이 아니면 철수했다. 그의 이러한 전략은 매우 공감이 가는 대목이자 양서농협이 닮고 싶은 경영전략이었다.

신임 집행부 구성 이후 첫 번째 맞이하는 사업연도에 분명한 성과를 만들지 못하면 양서농협의 미래는 불투명하다는 생각이 들었다. 목표를 삼을 구체적인 성과로 우리는 농협중앙회에서 시행하는 종합업적평가에 주목했다. 농협중앙회에서는 매년 농업인 조합원과 고객에 대한 봉사 기능 극대화 및 농협경영 내실화를 위해 회계 기간의 경영 성과를 평가하여 상을 수여한다. 전국에 산재한 지역농협 1,000개를 사업물량 등을 고려하여 규모별로 약 10여 개 그룹으로 나누어 구체적이고 객관적으로 평가한다.

만일 종합업적평가에서 1등을 수상한다면 변화와 혁신을 통해 성공적인 조직으로 변모할 수 있는 동력을 확보할 수 있다. 그래서 양서농협의 임직원은 ‘농협다운 농협, 1등 농협’이란 목표를 달성하기 위하여 양평군 내 농협 간 인사이동이 끝난 2월에 임직원 워크숍을 가졌다.

나는 이 워크숍을 매우 중요하게 여겼다. 조직의 역량을 한 방향으로 통합하여 그 조직이 추구하는 목표를 달성하기에 매우 유용한 수단이기 때문이다. 지난 10년 동안 지점장으로 재임하면서도 워크숍을 적절하게 활용했다.

워크숍을 진행하려면 주제가 분명해야 한다. 그리고 주제에 걸맞게 프로그램을 섬세하고 합리적으로 짜야 한다. 그래야만 조직 구성원들이 공감하고 성과물을 가져올 수 있다.

나는 워크숍을 시작하기 앞서서 전 직원을 대상으로 2006년 농협 중점경영 방향에 관한 슬로건을 공모하였다. 2006년을 맞이하면서 제시한 '1등 농협'이라는 방향성을 잘 살릴 수 있는 슬로건을 선정했다.

"1등 농협, 우리가 해내겠습니다."

워크숍을 기점으로 확정된 경영 슬로건을 1년 내내 사업현장에서 활용했다. 전 직원들이 사용하는 각종 기안서 상단부 중앙에 배치했고 양서농협이 대내외적으로 사용하는 각종 현수막에도 담았다. 심지어 직원들의 승용차 앞유리 안쪽에 붙이도록 슬로건이 담긴 차량번호 안내 스티커를 배부하기도 했다.

워크숍에서는 매우 인상적이고 특색 있는 특강을 준비했다. 당시 전국 최고 인기를 구가하던 자기계발서 저자 조용모 원장을 고액의 강연료를 지급하며 모셨다. 이는 1등 농협을 추구하는 양서농협으로서 직원들이 듣는 강의 수준도 전국 최고로 해야 한다는 생각에서였다.

또한, 이날 워크숍에서는 사업부서별 책임자가 2006년 사업목표 1등 달성을 위한 세부추진계획을 PPT로 발표하게 했다. 당시만 해도 PPT 보고가 업무현장에서 이루어지지 않았으나 이를 생활화했다. 이렇듯 1박 2일을 함께 보내면서 금년도 사업 추진 방향과 추진계획을 공유하고 이를 달성하고자 하는 결의를 다졌다.

양서농협은 매년 연초에 워크숍을 치밀하게 준비하여 진행하고 있으며 매년 새로운 프로그램을 추가하고 있다. 연 1회 워크숍을 개최해오다가 2011년부터는 상반기 업무성과를 평가하고 분석하며 하반기 경영계획을 수립하는 '하반기 경영전략 회의'를 추가하여 연 2회 워크숍을 실시하고 있다. 2012년부터는 사업목표 달성 이행을 분명히 하고자 조합장과 실무책임자인 본부장이 '경영협약서' 조인식을 연초 워크숍에서 거행한다.

우리는 "왜 워크숍을 하는가?"라는 질문에 대하여 명확하게 답을 할 수 있어야 한다. 이런 점에서 양서농협은 12년 차 워크숍을 진행하면서 이 질문에 명확한 답을 할 수 있고, 결국 이 워크숍을 통해서 우리 농협을 통합하며 조직목표를 분명하게 달성하고 있다고 확신한다.

교육이
성장을 만든다

조합원 교육을 시작하다

협동조합은 경제적 약자들이 경제적, 사회적, 문화적 지위 향상
과 복리 증진을 위해서 자주적으로 조직한 단체이다. 구성원인 조
합원의 적극적인 참여에 기반을 두어 운영되는 것이 특징이다. 그
러므로 협동조합 원칙에서도 '교육, 홍보의 원칙'이 강조되고 있
다. 조합원 교육의 목적을 정리하면 다음과 같다.

첫째, 협동조합 이념의 고취로 조합원의 올바른 권리, 의무를 행
사하도록 한다.

둘째, 협동조합과 협동조합 사업의 이해를 통하여 협동조합과의 밀착과 사업 참여도를 높인다.

양서농협은 2005년 12월에 첫 번째 조합원 교육을 시작했다. 여 조합장이 취임하고 정확히 만 3개월이 되는 시점이었다. 협동조합이 어떤 조직인가에서부터, 조합원의 권리와 의무, 그리고 양서농협에서 조합원을 위하여 진행하는 사업, 예를 들어 조합원 자녀 학자금 지원과 같은 내용에 관해 설명하는 자리였다.

애초에 조합원 교육은 신규 조합원만을 대상으로 연 2회 상·하반기에 실시하는 것을 원칙으로 하였으나, 1년 후에는 기존 조합원도 교육대상자로 포함하여 실시하였다. 이전에는 기존 조합원이 협동조합 사업에 관하여 충분한 교육을 받을 기회가 없었기 때문이다.

2006년 말 기준으로 양서농협의 조합원 수는 약 2,050여 명이었는데 교육대상자는 조합원 가입연도를 기준으로 하여 선별했다. 기존 조합원이 교육을 받는 주기는 대략 5~6년이었다. 이렇게 양서농협은 지난 2005년부터 꾸준히 조합원 교육을 시행하고 있다. 초창기에는 교육장소가 협소한 관계로 연 3~4회 교육을 실시하다가 본점 신청사가 준공된 2011년부터는 상, 하반기 연 2회 정기적으로 교육하고 있다.

사실 피교육생으로 참여하는 많은 조합원은 이를 탐탁하지 않게 생각했다. 교육이란 이름 아래 몇 시간을 딱딱한 의자에 앉아 설명을 듣는 것은 누구나 짜증 나는 일이 분명하다. 교육을 시작한 초창기에는 조합원의 저항도 만만치 않았다. 조합원이 무슨 교육 대상자냐는 감정적인 불만부터, 교육내용이 만족스럽지 않다는 등 거친 항의를 받기도 하였다. 그러나 우리 농협은 교육을 진행하면서 조합원 교육자료를 지속해서 보완하고 유익한 정보를 충분히 전달하려는 노력을 게을리하지 않았다. 농협연수원의 교수를 초청하여 농협 이해도를 충분히 높이면서 재미도 가미하고자 노력했다.

　현재 교육에 참여하는 조합원들의 반응은 매우 긍정적이다. 유쾌한 분위기에서 교육을 진행하고, 교육을 마치면 농협 직원에게 고마움을 표시하기도 한다. 10년 넘게 정기적으로 교육을 지속한 덕인지 조합원은 협동조합을 생각함에 있어 기본 개념이 명확하고 양서농협 사업을 확실하게 이해하고 있다. 그 결과 거의 모든 조합원이 농협이 하는 사업에 관심을 보이고 적극적으로 참여한다. 오늘의 양서농협이 양평군을 넘어서 경기도 지역농협을 대표하며 '전국 최고 1등 농협'이란 이상을 가질 수 있는 것 또한 지난 세월 조합원 교육을 끊임없이 진행한 결과가 아닌가 싶다.

　교육은 하루아침에 성과를 낼 수 있는 것은 아니다. 오죽하면

백년대계를 세우는 것이 교육이라 했겠는가. 중장기적으로 투자해야만 성과를 낼 수 있는 일이기 때문인지 이를 꾸준하게 실천하는 조직은 그리 많지 않다. "콩나물시루에 물 붓기"라는 격언이 있다. 하루 이틀 물을 붓는다고 해서 콩나물이 자라는 것을 볼 수는 없다. 하지만 계속 물을 주다 보면 어느 날인가 문득 훌쩍 자란 콩나물을 확인할 수 있다. 교육은 바로 이런 것이다.

교육은 효과가 더디 나타나나 서둘러야 하는 일 중에 으뜸이다. 협동조합의 발전을 원한다면 먼저 조합원 교육에 관심을 두고 지속적으로 시행하는 것이 중요하다.

내부조직장에게 운영을 공개하라

농협법과 정관에는 조합원에게 농협의 주요 운영사항을 분기 1회, 연 4회 공개해야 한다고 명시하고 있다. 구체적으로는 조합원을 대표하는 대의원에게 운영공개를 하게 되어 있고, 그 내용은 분기별 사업보고서와 기타 주요사항을 포함한다. 이와 관련하여 양서농협은 다음과 같이 운영을 공개하고 있다.

정관상에는 대의원만을 운영공개의 대상으로 하는데 우리 농협은 그 범위를 영농회장과 부녀회장까지 포함한다. 영농회장은 이장으로서 마을을 대표하는 사람이고 부녀회장은 여성 새마을지도자로서 마을의 여성 주민들을 대표하며 다양한 봉사활동을 한다. 요컨대 대의원, 영농회장, 부녀회장이 내부조직장으로서 지역에서 마을과 농협의 조합원을 대표하는 핵심 리더이다. 또한, 농협에서는 일정 금액의 수당을 영농회장, 부녀회장에게 지급하고 있다.

양서농협은 이 내부조직장을 대상으로 지난 2006년부터 분기별로 1회 농협운영을 공개하고 있다. 지난 10년이 넘는 기간 동안단 한 분기도 빠뜨린 적이 없다. 연 4회, 10년이 지났으니 그 횟수가 40회를 넘었다. 어떤 일도 꾸준하게 시행하지 않으면 성과를 내기가 어렵다.

조합원 교육이 그랬듯 운영공개도 초기에 많은 시행착오를 거쳤다. 우선 다수의 내부조직장이 무관심했다. 그러니 참여율이 매우 저조했다. 참여율을 높이기 위해 우선 충실한 운영공개 자료를 만들고 내부조직장들에게 도움이 될 만한 정보를 최대한 많이 담고자 했다.

처음에는 운영공개를 사무소별로 순회하며 진행했다. 3개의 사무소가 있으니 분기에 3회, 연 12회를 개최한 것이다. 하지만 참여도는 좀처럼 오르지 않았다. 힘들게 자료를 준비한 직원들은 내부조직장들의 참여가 저조하자 더 힘들어했다. 이러한 일이 연중 열두 번이나 이어졌다. 그래도 이에 임하는 우리 농협의 기본적인 입장은 확고했다. 운영공개란 농협 사업을 홍보하고 협동조합의 리더들을 먼저 이해시켜 사업에 참여하고 한 지역의 여론을 주도하게 하는 시작점이기 때문이다.

본점 신청사가 완공된 2011년부터는 넓은 2층 대강당에서 편안하고 쾌적한 분위기에서 운영공개를 진행했다. 자료 내용을 더욱 보완했다. 그리고 2부에서는 교양, 건강, 역사 등 우리나라 최상급 강사를 초빙하여 특강을 넣었다. 결과는 성공적이었다. 참여도는 눈에 띄게 올라갔고, 횟수를 거듭할수록 새롭고 유용한 정보를 제공하는 운영공개는 이제 완전히 정착되었다. 다음 강사는 어떤 분이 오시느냐고 사전에 문의하는 내부조직장들이 있을 정도로 인기가 좋다.

나는 운영공개를 시작할 때 바쁜 시간을 내어 주셔서 감사하다는 상투적인 인사는 생략한다.

"오늘 정말 잘 나와 주셨다. 많은 도움이 되실 것을 확신한다. 오늘 사정상 못 나오신 내부조직장님들에게 오히려 죄송하다. 오늘 우리 농협이 정성껏 준비한 프로그램을 듣지 못하다니, 좋은 기회를 놓쳤다."

이렇게 우리 농협은 운영공개에 최선을 다한다.

내부조직장의 임기에 기한이 있기에 대상자가 바뀌기도 하지만, 연 4회, 10년 넘게 운영공개를 진행하면서 농협 사업에 관한 내부조직장의 이해도는 지속해서 높아졌다. 그와 더불어 조직장들의 관심과 참여도가 향상되었음은 두말할 필요 없다.

양서농협은 조합원의 사업 참여도가 일반적인 타 농협과 비교하면 상당히 높다. 당연한 결과다. 그 결과 양서농협은 지금껏 나날이 성장하여 더 많은 사업을 유효하게 펼치고 조합원에게 더 많은 배당금을 지급하고 있다.

운영공개를 시행하면서 부당한 오해와 공격을 받기도 했다. 그간 2번의 조합장 선거를 치렀는데, 조합원 교육이나 운영공개를 조합장 선거운동의 방편으로 활용했다 하여 선거법 위반으로 고발하는 이도 있었다. 때로는 이러한 불필요한 오해와 공격을 사전에 피하려고 조합장 선거기간 중에는 시행하지 않을 것도 검토했지만, 조합원 교육과 마찬가지로 운영공개도 단 한 번의 누락 없이 지속하여 진행해왔다. 운영공개는 농협 사업에 있어서 가장 중요하고 기본적인 사업이기 때문이다.

임직원 가족을 준 임직원으로

양서농협은 지난 2005년부터 임직원 가족 교육을 시작하여 현재까지 꾸준하게 진행하고 있다. '1등 농협'이라는 양서농협의 목표를 달성하기 위해서 임직원 가족들도 주요 파트너로서 함께 가고자 함이다. 따라서 임직원 역량을 키우기 위한 임직원 교육과 동시에, 임직원 가족 교육에도 역점을 두고 있다.

나도 이전에 직원으로 근무하던 시절 사무소에서 주관하는 직원 가족 교육에 참여한 경험이 있는데, 사실 별로 좋은 기억이 없다. 우선 내용이 빈약했다. 조합장이나 전무의 인사말을 듣고 식사를 하는 정도였다. 가족 교육을 굳이 해야 하는 이유가 무엇인지도 모르겠고, 임직원의 가족을 한자리에 모이게 하다 보니 지켜져야 할 보안 사항이 노출되어 직원 상호 간에 불신만 생긴다는 부정적인 평가가 오히려 우세했다. 양서농협에서는 이런 교육을 답습하는 데서 벗어나, 가족이 근무하는 농협 사업을 이해하고 진정으로 뜻을 함께하는 데 도움이 되는 교육을 하고자 했다.

어떤 사업이든 실행에 앞서서 왜 이 사업을 해야 하는지 그 의미를 명확하게 정리하고 참여자들을 충분히 이해시켜야 한다. 사업 취지가 불분명하면 지속하여 추진할 이유도 찾기 어렵고, 성과도 기대할 수 없기 때문이다. 우리는 임직원 가족 교육을 통해 가족들을 농협 사업의 파트너로 만들고자 했다. 한 손보다 두 손이 더 많은 일을 할 수 있는 것처럼, 임직원과 가장 가까이 있는 직원 가족들이 농협 사업을 이해하고 함께해 주기를 바랐다. 양서농협 임직원의 숫자는 100여 명이었는데, 가족들을 파트너로 삼으면 200명이 넘는 방대한 조직이다. 가족들이 동참해준다면 우리가 원하는 곳에 더 쉽게 도착할 것이다. 우리는 임직원 가족을 이를테면 '준 임직원'으로 인식했다.

기혼 직원의 경우는 배우자를, 미혼자는 부모 중 최소 한 분을 교육 대상으로 삼았다. 임직원 가족의 교육 참여는 의무화되어 있다. 특별한 사유가 없는 한 반드시 참여하도록 하고, 참석하지 못할 경우에는 사전에 사유서를 제출하도록 했다. 불편하게 생각하는 직원들도 있었지만 원칙을 고수했다. 1등 농협 달성을 위한 확고한 의지의 표현이었다.

임직원 가족 교육의 핵심은 임직원 가족이 농협 사업의 의의와 현황을 정확하게 이해하게 하는 것이다. 양서농협의 주요 사업 추진 현황, 농협 사업이 조합원과 지역사회에 어떻게 이바지하는지를 쉽게 알 수 있는 교육 프로그램을 만들었다. 농협 사업을 잘 인지한 가족들은 고객으로서 농협 사업에 참여하기도 하고, 지역민들과 접촉하면서 자연스럽게 농협을 바로 알리는 홍보대사의 역할을 수행하게 된다.

또한 임직원 가족 교육은 농협 직원이 하는 일에 단순한 생계수단 이상의 의미가 있음을 확인하는 기회이기도 하다. 조합원, 공동체, 이웃을 위한 다양하고 가치 있는 사업을 수행하는 농협 임직원들의 모습을 보면서 가족들은 농협 가족으로서의 자긍심을 느끼게 된다. 당연히 임직원에게는 가족의 지지와 격려가 따른다. 가족의 지지 속에 근무하는 양서농협 직원들은 그만큼 생산성과 업무 만족도가 높아진다.

참여하는 가족에게도 좋은 경험이 될 수 있도록 프로그램 구성에 힘쓰고 있다. 유명 강사의 강연을 듣고 삶의 의미를 다시 생각해볼 수 있는 특별강연회, 서울 경복궁, 창경궁 등을 둘러보는 고궁 문화체험, 음악회나 연극 관람 등 다양한 볼거리, 즐길 거리를 포함하고 있다.

연 1회 시행되는 임직원 가족 교육 외에도 양서농협이 가족들을 초청하여 치르는 행사가 또 하나 있다. 바로 매년 연말 열리는 양서농협 가족 송년 모임이다. 송년 행사에는 양서농협에서 종사하는 임직원 모두와 그 가족들을 초청한다. 임직원 가족 교육과 마찬가지로 직원의 배우자나 부모님 중 한 분을 모신다. 관심이 높은 가족 중에는 부모가 함께 참석하는 열정적인 분들도 있다. 하나로마트에는 농협 정직원이 아닌 파견사원도 근무하는데, 이들도 송년 행사 초청 대상이다. 비단 송년 행사뿐만 아니라 대부분의 농협 행사에 파견사원도 정직원과 다름없이 참여한다. 조합원과 고객을 응대하는 종사원은 정규직 여부와 관계없이 사업 추진의 핵심 파트너이기 때문이다. 이렇게 100여 명 임직원을 포함하여 참석자 200명 이상의 송년 행사가 열린다.

나는 양서농협 부임 전부터 송년 행사를 개선해야겠다고 생각했다. 대개 송년 행사는 일반식당에 전 직원이 모여 조합장 덕담과 몇 차례의 건배사가 이어지고 술잔을 돌린다. 그리고 음주로 시간을 보내다 분위기가 어수선해지면 슬금슬금 자리를 파한다. 매년 이런 식이다 보니 직원 대부분이 송년 행사에 무관심했다. 왜 이런 행사에 많은 예산을 소모하며 참석자의 귀중한 시간을 무의미하게 빼앗는다는 말인가.

양서농협에서 첫 송년을 맞이하여 행사를 기획하면서, 나는 모든 양서농협 가족들이 축제처럼 재미있고 신나게 즐길 수 있는 송년 행사를 꾸리기를 희망했다. 행사를 통해서 1년 동안 애써준 전체 임직원은 물론, 직원들이 온전히 농협 일에 전념할 수 있도록 뒷바라지해주는 가족들에게 진정한 감사와 격려의 장을 마련하고자 했다.

연말에 직원들에게 수여하는 각종 시상을 본 송년 행사장에서 진행했다. 가족이 지켜보는 가운데 상을 받는 직원도, 지켜보는 가족들도 자부심을 가질 수 있는 자리가 되리라고 생각했다.

직원들이 직접 참여하며 다 함께 즐길 수 있는 프로그램이 있으면 더욱 좋겠다고 생각했다. 부서별 노래자랑, 장기자랑, 합창대회, 댄스경연대회 등 매년 다양한 프로그램을 추진했다. 오케스트라 공연과 연극 등 볼거리도 준비했다.

연말의 바쁜 일정 중에 행사까지 준비하는 것이 쉽지는 않았다. 특히 부서별 합창 대회나 댄스경연대회에는 한 달 이상의 준비가 필요했다. 하지만 나는 행사를 위한 준비를 어느 것 하나 소홀히 해본 적이 없다. 그리고 그 효과는 매우 크다. 준비과정부터 행사 마무리까지의 모든 순간이 직원들의 친목과 단합을 도모하고 양서농협 종사원 전체가 하나임을 서로가 확인하는 소중한 시간이다.

조직의 경쟁력은 결국 일체감에서 시작된다. 그런 점에서 조직 관리자는 수시로 일체감을 확인할 수 있는 이벤트를 지속해서 만들어내야 한다. 이를 통해 전 종사원은 조직원으로서의 무한한 자부심과 긍지를 갖는다. 이런 조직은 경쟁에서 앞서갈 수밖에 없다. 임직원 가족 교육과 함께 직원들과 가족들이 함께 어우러지는 행사를 꾸준하게 진행한 덕분에 양서농협의 임직원과 그 가족들은 강한 조직으로 거듭났다. 임직원과 임직원 가족의 일체감이 양서농협의 커다란 자산이고 저력이다.

지식경영 아카데미로 동인(動因)을 만들다.

교육은 당장 성과가 나타나는 일이 아니다. 변화는 더디고 효과를 보는 데 오랜 시간이 걸린다. 하지만 변화와 발전을 추구하는 데 있어 교육의 중요성은 아무리 강조해도 모자라지 않는다. 그래서 일류기업들은 직원 교육에 엄청난 투자를 한다. 양서농협에서도 2006년부터 줄곧 임직원 특별교육을 시행해왔다. 2012년부터는 '양서농협 지식경영 아카데미'라는 이름으로 매월 진행하고 있다.

임직원 교육은 의식교육과 실무교육을 병행한다. 고객을 상대하는 농협 직원으로서 실무처리 능력을 배양하는 일은 매우 중요하다. 그러나 의식 교육은 더욱 중요하다.

가치 있는 삶은 과연 무엇인가? 성공한 사람들은 인생을 어떻게 살았는가? 이 일을 왜 해야만 하는가? 바람직한 삶을 위해서는 어떤 생각을 갖고 살아가야 하는가? 등 다양한 주제로 강연을 진행했다. 이런 강연을 통해 더 좋은 조직문화가 정착되기를 바랐다.

그 무렵, 나는 양병무 박사의 《주식회사 장성군》에 완전히 매료되어있었다. 전라남도 장성군이란 자그마한 지방자치단체에서 '장성아카데미'라는 이름으로 장성군청 공무원과 군민을 대상으로 매주 강좌를 진행하여, 공무원의 업무 태도와 지역민을 변화시켰다는 이야기였다. 놀랍고 감동적이었다. 내가 몸담은 양서농협을 《주식회사 장성군》에서처럼 바꾸기를 꿈꿨다. 당시에 장성군을 이끌었던 김흥식 군수님을 퇴임 후 임직원 특별교육 강사로 초청하여 이야기를 듣기도 했다.

2012년에 이르러서는 분기별로 시행하던 특별교육을 매월 진행하기로 했다. 그리고 직원들과의 협의를 통해 '양서농협 지식경영 아카데미'라는 새 이름을 붙이고 새롭게 교육을 쇄신했다. 다른 모든 사업과 마찬가지로 교육도 시작할 때에 명확한 목표와 기준을 세우는 것이 중요하다. 최고의 교육을 지향한다는 목표 아래, 지식경영 아카데미도 대한민국 최상급 강사만을 모신다는 원칙을 세웠다.

최상급 강사라고 하여 일류대를 나온 고위층 인물을 초청한다는 뜻은 아니었다. 좋은 집에서 태어나 탄탄대로를 걸어온 사람은 오히려 직원들에게 소외감을 줄 수도 있다고 생각했다. 어려운 환경을 이기고 뜻을 세워 부단한 노력으로 자신의 목표를 성취한 인물, 가능하면 많은 이에게 롤모델이 될 수 있는 인물을 모시고자 했다. 인물 선정을 할 때 다양성을 고려하여 폭을 넓히면서도, 되도록 시련과 위기를 극복하고 성공한 일반인을 엄선했다.

은행 청원경찰로 근무하면서 수많은 고객을 유치하여 화제가 된 《300억의 사나이》의 저자 한원태 강사, 《석봉 토스트》의 저자 김석봉 강사, 엿장수 딸로 태어나 가발 공장에서 일하다가 미국에 건너가 육군 장교까지 이른 서진규 박사, 한국형 스타벅스라 불리는 '민들레영토'의 지승룡 원장, 금호타이어 기능공으로 입사하여 전무까지 승진한 윤생진 대표, 한국 프로야구에서 야신으로 칭송

받는 김성근 감독, 대한민국 양궁의 신화를 만든 서거원 감독, 오른손이 의수라는 신체적 불리함을 극복하고 마케팅의 전설로 일컬어지는 조서환 대표, 대학생 시절 자동차 사고로 40여 차례 수술을 해야 하는 전신 화상을 입었지만 이를 극복하고 UCLA 등 미국 유수의 대학에서 학위를 딴 이지선 박사 등, 현재까지 지식경영 아카데미에서는 별처럼 빛나는 삶의 모습을 열강하신 분들을 어언 90여 명이나 모셨다.

지식경영 아카데미를 통해서 우리 농협에는 어떤 변화가 왔을까? 우선 지난 10년을 함께 하면서 전 직원이 매월 이 강좌를 자연스럽게 받아들이고 적극적으로 참여한다. 일부 직원은 스스로 강사를 발굴하여 초청 강사로 추천할 정도로 적극적이다. 이런 분위기는 업무로도 이어져 고객을 대하는 자세나 업무를 대하는 태도가 긍정적이고 적극적으로 변화하고 있다.

나 또한 이 아카데미를 통해서 엄청나게 변화하고 성장하고 있음을 느낀다. 지식경영 아카데미가 끝나고 귀가한 뒤에도 감동으로 잠을 설친 적이 한두 번이 아니다. 강의시간 내내 들은 열정적인 삶의 이야기의 여운이 가시지 않아 잠을 이룰 수 없었다. 이런 일들이 반복되면서 나의 의식이 바뀌고 있다.

종종 농협을 방문하는 외부인사들로부터 부러움에 찬 덕담을 듣는다.

"양서농협에 오면 공기가 생생하다. 직원들의 모습에서 생기와 활력이 넘친다. 한 사람 한 사람 눈빛이 살아있다."

양서농협 성장의 주역들을 마주하고 느낀 부러움과 감탄을 담은 칭찬들이다. 이런 활기와 열정이 '양서농협 지식경영 아카데미'에서 비롯했음을 나는 내심 자랑스러워한다. 앞으로도 양서농협 지식경영 아카데미는 시대의 흐름에 따라 삶의 가치와 일의 의미를 풍성하게 담으면서 임직원에게 자극과 동력이 되어줄 것이다.

우리
소통해요

내일을 준비하다, 소식지 《내일》

　농협 사업의 성공과 실패는 조합원이 농협 사업을 잘 이해하고 참여하는 데에 달려 있다. 이런 점에서 농협운영현황 정보를 담은 농협 소식지 발행은 매우 중요한 역할을 한다. 특히, 지역농협에서는 현실적으로 전 조합원을 대상으로 직접 운영상황을 보고할 수 없기에 정기적으로 농협 소식지를 조합원에게 배부하여 농협 사업 이해를 높이고 있다.

　그런데 양서농협에서 이전에 발행해온 소식지는 내용이 빈약하기 짝이 없었다. 당연히 읽을거리가 별로 없었다. 편집 디자인도 조잡하고, 심지어 오·탈자까지 자주 발견되었다. 발행횟수도 연 1, 2회였다. 어쩌면 당연한 모습이었다. 소식지 편집을 전적으로 외부 기획사에 맡기고 있었기 때문이었다. 소식지를 발행할 시점이 다가오면 담당자가 자료와 사진 몇 가지를 취합하여 기획사에 넘긴다. 그러면 기획사는 농협에서 원하는 목차에 따라 편집하여 발행하는 실정이었다.

단 한 명의 담당자만으로 제대로 된 소식지를 만든다는 것은 불가능하다. 나는 모든 사무소별, 부서별로 담당을 할당하여 10여 명의 편집위원을 구성했다. 제대로 된 소식지를 만들겠다는 분명하고도 확고한 목표가 있었기에 자연스럽게 나온 아이디어였다.

편집위원으로서의 일은 직원 본연의 업무 이외에 별도로 추가된 업무다. 소집된 편집위원들은 불평불만이 많았다. 업무 공백이 발생한다는 이유로 해당 부서 책임자의 불만도 노골적이었다. 나는 편집위원의 임기를 1년으로 하여 전 직원이 공평하게 참여하게 함으로써 불만을 없애고, 책임자와 편집위원들에게 농협이 왜 제대로 된 소식지를 만들어야 하는지 그 당위성을 상세히 설명하여 소식지 편집의 중요성을 이해시켰다.

흑백 인쇄였던 본문을 풀컬러로 제작 사양을 바꾸었다. 그리고 단순하게 보고 내용을 열거한 구성을 탈피하여 새로운 방향을 제시했다.

첫째, 농협 사업이 분기를 기준으로 진행하고 있으므로 이에 맞추어 소식지를 분기별로 연 4회 발행하기로 했다.

둘째, 조합원이 소식지를 통해서 농협운영현황을 충분히 파악할 수 있게 다양하고 중요한 정보를 담고자 했다. 충실한 정보지를 만들기 위해 분야별로 편집위원을 배정했다. 기존의 소식지와 달리 체제를 이슈별로 분류하여 기사 주목성을 키웠다. 조합원이 내용을 이해하기 쉽고 읽기 편안하게 편집 디자인을 재정비하고, 실용적인 정보를 담아 소식지에 관한 호기심을 배가하고자 노력했다. 또한 흥미와 재미를 유발할 수 있는 기삿거리를 발굴했다. 관내 조합원을 방문하는 한편 관내에 소재한 문화유적지, 가볼 만한 명소를 탐방하는 기사를 연재하기로 했다.

셋째, 이 소식지가 농협과 조합원, 농협과 고객이 소통하는 공간이 되어야 한다고 생각했다. 농협에서 조합원에게 한 방향으로 정보를 전달하는 것이 아니라 조합원이 소식지에 참여할 기회를 최대한 제공하여 더 많은 조합원이 호기심을 갖고 참여하도록 유도했다. 필요하면 전문작가와 사진작가를 동원하여 모범적인 우수 조합원을 직접 만나 취재하고 사진을 촬영하도록 했다. 그리고 멋지게 나온 사진을 액자로 제작하여 조합원에게 선물로 증정했다. 조합원이 운영하는 농원이나 업소를 홍보하는 광고를 실어 사업에 실질적인 도움이 될 수 있도록 배려했다. 그리고 조합원의 기고를 유도하여 조합원의 생각도 소식지에 담았다.

마지막으로 1,000여 개의 전국 농협에서 발행하는 소식지 중 품질을 최고로 유지한다는 목표를 세웠다. 양서농협의 핵심가치 중의 하나인 '탁월'이라는 가치와 맥을 같이한 것이다.

2013년에는 오랜 세월 동안 무명(無名)이었던 '우리 농협 소식지'에 이름을 짓고자 전 직원을 대상으로 소식지 제호를 공모하여 《내일》이란 제호를 탄생시켰다. 앞으로 양서농협이 조합원 및 고객과 더불어 더 밝고 희망찬 '내일'을 꾸며나가는 데 최선을 다하겠다는 약속이자 함께 그러한 내일을 꾸며가자는 요청이었다.

현재 양서농협소식지 《내일》은 분기마다 3,000여 권을 발행하여 전 조합원과 우수고객에게 배포하고 있다. 농업인에게 꼭 필요한 농협 사업 안내와 생활정보를 담고 있어, 조합원은 이 소식지를 꼼꼼하게 읽을수록 유익한 정보를 얻는다. 《내일》을 받아보면서 조합원은 농협 사업을 정확하게 이해하고 더 많은 관심을 가진다. 그 결과 양서농협에서 진행하는 사업에 조합원의 참여도가 나날이 늘어나고 있다. 이것이 우리 양서농협이 정성을 다해 최상급의 탁월한 소식지를 만들고자 하는 이유다.

사업별 현장감을 살린 행복한 동행, 연감.

우리 농협은 여 조합장의 취임 이후 '농협다운 농협' 만들기 프로젝트를 창조적이고 과감하게 진행했다. 창조적 진행이 완전히 새로운 일을 한다는 의미는 아니다. 기존에 진행하던 일들을 꾸준하게 추진해나가되, 세밀하게 다듬거나 융합하여 어떻게 하면 더 나은 방향으로 갈 수 있을지 늘 새롭게 고민했다.

조합원에게 실익과 편익을 제공하기 위한 사업을 치밀하게 챙기는 한편, 협동조합의 주인인 조합원을 대상으로 연 2회 정기적으로 조합원 교육을 시행했다. 대의원·영농회장·부녀회장 등 내부조직장을 대상으로 한 분기별 운영공개, 분기별 농협소식지 발간 등이 차질 없이 이루어졌다. 이러한 사업들은 농협다운 농협의 골격을 바로 세우는 작업이었다.

그러던 중, 여 조합장은 또 하나의 아이디어를 제안했다.

"사업현장을 찍어서 그냥 버려두는 사진이 아깝군요. 그 사진을 화보로 정리하여 조합원에게 배부하면 어떨까요. 조합원이나 준조합원이 농협을 이해하는 데 좋을 거 같습니다."

이 제안을 계기로 우리는 양서농협의 전반적인 사업 모습을 연 단위로 정리했다. 임직원의 교육 현장, 조합원을 위한 문화체험 프로그램과 복지사업을 진행하는 현장 모습을 모았다. 그리고 조합원의 영농현장, 지역사회 공헌 모습 등 다양한 활동상을 담았다.

발간 초기에는 거칠고 조잡한 부분이 많았으나 매년 품질을 높여나갔다. 날마다 더 새로워지려는 일신우일신(日新又日新) 정신 그리고 혁신의 정신으로 개선을 거듭했다.

매년 화보가 발간되면 직원들로 구성된 편집위원회에서 지난 호에 대한 평가회를 개최하는데, 평가회에서 단순히 사진만을 담은 화보를 벗어나 농협의 전반적인 경영현황까지 수록한 '연감' 형식으로 내자는 의견이 나왔다. 그래서 2012년부터는《양서농협의 행복한 동행》이란 제호로 연감을 발간하고 있다.

이 연감은 양서농협의 1년간 종합적인 활동상을 고스란히 담고 있다. 양서농협의 경영현황과 분석 자료를 담은 연차보고서, 연중 진행한 주요사업 사진을 모은 화보로 구성되어 있다.

조합원이 농협을 이해하는 부분은 단편적이고 협소할 수 있다. 농협은 다양한 사업을 전개하고 있는데 조합원은 일정 부분의 사업에만 참여하기 때문이다. 이 연감을 보면 양서농협의 경영현황과 수행하는 다양한 사업을 한 눈으로 쉽게 이해할 수 있다.

양서농협에는 매년 많은 수의 조합원이 가입한다. 농협은 신규 조합원에게 이 연감을 배부하는데 이를 통해 조합원은 백 마디의 설명을 듣는 것보다 쉽게 양서농협을 이해한다. 더불어 농협 사업을 이용하는 준 조합원을 비롯한 일반 고객이 농협을 이해하는 데에도 매우 유용한 자료이다.

양서농협 조합원이 아닌 준 조합원을 비롯한 일반 고객의 양서농협 사업 참여도는 매우 높다. 신용사업에 있어서 50%에 이를 정도이다. 준 조합원 가입도 활발하다. 2016년 양서농협의 준 조합원 수는 7,500여 명에 이른다. 이용고 배당금을 받는 준 조합원 수도 약 3,800여 명에 이른다. 높은 이용고 배당금을 받는 준 조합원 등 우수고객들에게도 연감이 배부된다. 이들에게 연감은 양서농협을 종합적이고 객관적으로 평가할 수 있는 훌륭한 자료집이 되고 있다.

이렇게 2006년에 화보로 시작하여 2016년 기준으로 11년 차를 맞이한 '연감'은 양서농협을 홍보하는 알찬 자료집으로 그 효과를 톡톡히 보여주고 있다.

그러나 이 화보는 탈(頃)도 많았다. 지난 11년 동안 2번의 조합장 선거를 치렀는데 선거법 위반이라며 갈등의 원인이 되기도 했다. 법인 대표자인 조합장 사진이 화보에 자주 등장하였다는 이유로 조합장 선거법 위반으로 고소, 고발을 당했다. 그 때문에 조합장과 전무인 나는 선거관리위원회나 경찰에 출두하여 조사를 받아야 했다. 실무자로서는 기운이 쏙 빠지는 일이다. 농협에서 조합원을 대상으로 한 교육과 홍보는 업무의 기본 중의 기본이다. 연감 발행을 공격하는 것은, 연감을 통해 농협 사업 홍보를 열성적으로 진행한 우리로서는 억울한 일이었다. 그러나 이 일을 해야 하는 목적을 명확히 인지하고 있기에, 해를 거듭할수록 흔들림 없이 더욱 새롭고 충실한 연감을 발행하고자 노력하고 있다.

농협이 한 일을 생생하게, 영상 자료 상영회

조합원에게 농협을 제대로 알리려는 노력과 열정은 동영상 제작으로 이어졌다. 농협은 매년 사업 마무리를 하면 새해 초에 결산총회를 한다. 통상 대개의 지역농협에서는 정기총회를 마치고 나서 전 조합원을 대상으로 하여 마을을 순회하며 좌담회를 갖는다. 이 자리에서 농협은 지난해 사업성과 등을 설명하고, 금년도 중점 사업 방향에 관해서 홍보한다.

양서농협에는 약 50개의 영농회가 있는데 조합장을 비롯하여 책임자들이 분담하여 좌담회 행사를 주관한다. 영농회별로 조합원의 좌담회 참석을 독려하고, 농협에서는 참석한 조합원에게 농협 사업에 대한 정보를 최대한 많이 전달하려고 노력한다. 행사 전에 전 책임자를 소집하여 파워포인트로 작업된 자료를 사전 교육하여 전 조합원이 정보를 공유할 수 있도록 했다.

파워포인트 자료와 함께 1년 동안의 농협 사업을 정리한 동영상을 제작하여 마을 좌담회에서 상영하면 매우 효과적일 것으로 생각했다. 이런 취지로 2007년부터 양서농협 홍보 동영상을 제작하기로 했다. 그러나 막상 동영상을 제작하려니 막막하기 짝이 없었다. 준비된 영상 자료가 부족했기 때문이다.

당연한 결과였다. 동영상을 제작하려면 1년 내내 주요 사업과 중요 행사 등을, 사진 촬영은 기본이고 동영상으로 촬영해 놓았어야 편집이 가능할 터인데 자료가 없었다. 순수한 양서농협의 사진과 영상 자료를 찾아보기가 어려워서 다른 농협의 자료를 짜깁기해야만 했다. 낯부끄러운 수준이었다. 그럼에도 양서농협의 2007년 주요 사업 동영상을 시청한 조합원의 반응은 매우 좋았다. 종전에 못 보던 자료를 보게 되니 신선하게 느낀 것이다. 농협을 이해하기 위한 자료로서도 기대 이상의 호응을 얻었다. 용기를 얻은 우리는 이후 중요한 사업이나 행사를 진행할 때마다 영상기록을 남겼다. 편집에도 공을 들였다.

그런 과정을 거치면서 매년 우리는 동영상 자료를 하나하나 보완했다. 이제 양서농협에서 제작하는 동영상은 제법 상당한 수준에 이르렀다. 2015년에 제작한 동영상을 살펴보니 16분 이상의 분량 중에 단 한 컷의 사진 말고는 100% 순수한 양서농협의 자체 자료로 만들었다.

애초에 마을 좌담회에서 활용할 목적으로 만든 동영상이었지만 만들어놓고 보니 생각보다 훨씬 용도가 다양했다. 각종 농협 행사에서 양서농협을 알리는 수단으로 더없이 훌륭했다. 연초에 각종 단체장을 초청하는 신년인사회, 임직원 교육, 임직원 가족 교육, 외부인사 내방 등에 상영하여 활용했다. 백 마디의 설명보다 단 한 편의 동영상 상영이 쉽고 빨랐다.

　우리는 일관성을 유지하기 위하여 동영상 제작 기준을 마련하여 지키고자 노력했다. 촬영은 매년 11월 30일을 기준으로 하여 다음 연도 정기총회 전날까지 마무리하기로 했다. 매년 12월에는 연결산 등 업무가 엄청나게 늘어나는 시기이지만, 우리는 이 기준을 준수했다. 담당 직원은 12월 1일부터 다음 연도 정기총회 전까지 동영상 제작과 관련하여 기본 시나리오를 짜고, 사진 등 각종 자료를 정리하며 영상제작 업체의 감독과 긴밀하게 협력하여 제작에 임한다. 정기총회 하루 전날을 D-day로 설정하여 동영상 제작을 완료한다.

　정기총회는 통상 1, 2부로 나누어 진행한다. 1부는 주로 지난해 사업성과 보고와 내빈 축사, 유공관계자 등에 대한 시상식으로 이루어지며, 2부에서는 대의원총회에서 지난해 경영 성과의 결과물인 결산보고서를 확정 짓는다. 지역농협에서 이 정기총회는 한 해 사업을 마무리하는 매우 중요한 행사이다. 그럼에도 불구하고 기존에는 행사내용에 부실한 점이 있었다. 특히 1부 행사가 의례적인 인사와 각종 시상으로 이루어지다 보니 바쁜 시간을 할애하여 참석한 사람들이 손뼉만 치다가 끝나는 싱거운 행사가 되기 십상이었다. 양서농협은 이런 이유로 농협 홍보 동영상 제작을 정기총회에 맞춘 것이다.

이 영상물을 시청함으로써 참석자들은 지난 1년 동안 양서농협의 활동상을 다시 환기하거나 이해하면서 새로운 한 해를 구상한다. 한 해를 결산하는 정기총회에 딱 맞는 콘텐츠를 생산한 것이다. 정기총회를 기점으로 곧 이어지는 조합원 초청 사업보고회에 참석하는 전 조합원도 동영상을 시청한다. 그리고 3월에 시행하는 조합원 건강검진을 받으러 가는 조합원도 검진센터로 이동하는 버스에서 역시 이 동영상을 시청한다. 조합원의 건강검진 참여율은 약 80% 수준이다. 그러니 3,000여 명이 넘는 조합원이 2회 이상 동영상을 본다.

이제 양서농협에서 제작한 동영상은 조합원과 고객에게 농협 사업을 널리 알리는 매우 유용한 영상 자료로 확실하게 자리를 잡았다.

이러한 사업을 시행했다는 것 자체는 중요하지 않다. 매년 반복되는 이 일련의 사업을 지속하여 개선하고 진행했다는 점이 중요하다. 햇수로 10년이다. 그러다 보니 동영상을 활용하는 방법이 완전히 자리 잡혔고 그 성과도 구체적으로 드러나고 있다.

특별한 전략이나 비결은 없었다.
꾸준하게 현황을 분석하고 대책을 세워
악착같이 실천했을 뿐이다.

3.

조합원이
신뢰하는 농협

우리가 해내겠습니다,
1등 농협

양서농협은 2006년 임직원 사업 추진워크숍에서 "1등 농협, 우리가 해내겠습니다"라는 경영 표어를 확정했다. 단순한 구호로서가 아니라, 연중 추진하는 사업 결과물로서 1등을 해보이겠다는 분명한 목표를 설정했다.

농협중앙회는 매년 전국 농협을 10개 그룹으로 나누어 종합업적평가를 한다. 우리 농협은 우리가 속한 농촌형 2형 그룹에서 전국 1등을 하는 것을 목표로 했다. 사실 2005년도에 경기도 100여 개 농협 중에서 53위를 한 양서농협이 다음 해 전국 단위에서 1등을 하겠다고 공언한 것은 무모한 도전일 수 있었다. 그렇지만 우리에게는 '1등을 하지 못할 이유가 없다'는 근거 없는 자신감이 넘쳤다. 사무소 내·외부에 부착하는 각종 사업용 홍보 현수막은 물론 직원들이 작성하는 기안문 등에 경영 표어를 기재토록 함으로써 전 직원의 뇌리에 '1등 농협'을 각인시켰다.

만족스럽지 않은 결과가 나온다면 실무총괄책임자인 나는 과연 이를 감당할 수 있을까? 하는 불안도 있었으나 "사람이 할 일을 다 하고 나서 하늘의 뜻을 기다린다(盡人事待天命)"는 생각으로 마음을 다잡았다. 농협경영에 있어서 탁월한 전문가로 성장하고자 하는 나에게 사업목표 1등은 마땅히 추진하여 이루어내야 할 목표였다.

무작정 공부만 열심히 한다고 해서 좋은 성적을 얻는 게 아니듯이, 종합업적평가 고득점을 얻기 위해서는 전략이 필요하다. 연중 전반적으로 사업이 성장해야 함은 기본이다. 100여 개로 구성되어 있는 평가 항목에서, 항목별로 0.1점이라도 더 확보하기 위한 치밀한 전략이 있어야 했다.

나는 매번 주 단위로 책임자 회의에서 주요 업적 추진실적에 대한 보고를 받고 평가했다. 그리고 월 단위로 지난해 대비 성장률과 실적을 분석하고 평가했다. 이를 기반으로 분기별, 반기별로 평가하며 부진 사업에 대해선 만회 대책회의를 가졌다. 그 후, 결과를 다시 분석 평가하며 업적을 관리했다. 이런 방식으로 연말까지 지속해서 끈질기게 사업 진행 상황을 분석하고 독려하며 한 해를 마무리했다.

생각해보면 전략이나 추진방법이 특별난 것도 아니다. 연중 꾸준하게 현황을 분석하고 대책을 세우고 강력하게 추진하는, 극히 일반적인 수준의 관리였다. 단지 1등을 하겠다는 굳은 의지와 악착같은 실천이 있었을 뿐이다. 후회 없는 하루를 보내기 위해 최선의 노력을 다한 시간이었다.

2007년 2월 초에 양서농협은 2006년 종합업적평가 전국 단위 농촌형 2형에서 당당하게 1등을 하였다. 여 조합장은 우수조합장상을, 전무인 나는 우수경영자상을 받았다. 일반 직원 중 1명의 특진 기회도 주어졌다. 10여 명의 일반 직원은 농협중앙회장상을 받았다. 양서농협은 부상으로 1톤 화물차량을 받았다. 양서농협 출범 이후, 가장 커다란 경사였다. 무엇보다도 가장 큰 수확은 조합원과 임직원이 '우리도 하면 된다'는 분명한 자신감을 갖게 되었다는 것이다.

나는 그때까지 20년간 농협 직원 생활을 하면서 내가 속한 사무소에서 종합업적평가로 상을 받은 경험이 전혀 없었다. 농협 경영을 잘했다고 상을 받은 이력이 없는 것에 익숙한 우리 농협 직원들은 1등이란 우리와 관계가 없는 것이라 여기고 있었다. 그래서 1년 내내 종합업적평가를 대비한 사업을 추진하면서 직원들의 반발과 저항도 만만치 않았다. 되지도 않을 헛수고나 하면서 직원들

고생시키는 것 아니냐는 불평, 불만이 많았다. 그런데 양서농협이 전국 종합업적평가에서 1등을 해냈다. '하면 된다'는 아주 단순하면서도 명백한 진리를 직원들이 직접, 생생하게 체험한 것이다.

이번 경험으로 나는 조직 문화가 생성되었음을 확인했다. 그리고 이 문화라면 여 조합장의 꿈이자 나의 꿈인 '농협다운 농협, 1등 농협' 달성을 위한 변화와 혁신이 얼마든지 가능하다는 믿음을 가지게 되었다. 변화와 혁신을 추진할 때는 조직 구성원이 공감하고 이해할 수 있는 성과물이 나와야 힘을 받는다. 성과가 보이지 않으면 조직은 변화에 대한 피로감과 패배감에 젖어 동력을 얻기 어렵다. 1등이란 결과물이 있었기에 그 이후 전 임직원이 더욱 일사불란하게 사업을 추진할 수 있게 되었다.

친환경
명품 쌀 출시!

　조합장 선거 때 공약된 내용으로 조합원 소득증대를 위한 '쌀 명품화 사업'이 있었다. 당시 양평군은 친환경 농업 특구로 지정되어 일체의 농약을 쓰지 않는 농법을 전개하며 친환경인증 농가를 집중적으로 육성 중이었다. 미작(米作)농가는 논에 오리를 방사하여 잡초를 제거하는 소위 '오리농법'을 하고 있었다. 이런 여건에서 우리 농협은 쌀 명품화 사업을 위한 친환경 미곡작목회를 발족하기로 했다. 친환경인증을 받은 농가만을 회원으로 하는 미곡작목회를 육성하여 차별화된 명품 쌀 생산을 하기로 한 것이다.

　40ha 면적에다 쌀 재배 농가 50여 곳이 참여하는 작목회를 결성하여 창립총회를 열었다. 그러나 화학 비료와 농약을 사용하지

않는 단순한 친환경농법으로는 시장에서 경쟁력을 확보할 수 없었다. 이에 작목회에서는 차별화된 명품 쌀 생산을 위한 실천계획을 모색했다.

마침 일부 농가에서 양평군 농업기술센터 소장의 지도로 일본의 고품질 쌀 밀키퀸 벼를 재배하고 있다는 보고를 접했다. 밀키퀸 벼는 리뷰액이라는 생물활성액을 뿌려 재배되는데, 최상의 밥맛을 내며 일본에서 고가로 판매되고 있었다. 우리 친환경 미곡작목회에서도 이 품종과 리뷰농법을 도입하기로 했다.

국내산 대체품도 있는데 왜 비싼 일본산 리뷰액을 사용하느냐는 반대도 심했다. 그러나 대체품에 대한 검증된 자료가 없었다. 우리 농협은 작목회가 발족한 첫해부터 일반 친환경 쌀과 차별화된 그야말로 명품 쌀 생산을 목표로 두고 리뷰농법을 강력하게 추진하기로 했다.

11월 초부터 작목반 전체 논의 필지별로 토양을 채취한다. 이 토양은 농업기술센터의 토양분석실로 보내진다. 토양의 성분 분석이 끝나면 농협은 토양 개량을 위해 퇴비 등 비료투입량을 기재한 표를 농가별로 배부한다. 이 처방전에 따라 유기질 비료를 논에 정확하게 주어서 기름진 토양을 만든다.

또한 연 4~5회 전체 논에 리뷰액을 살포한다. 균일한 품질을 담보하기 위해선 각 농가의 반원들 자율에 맡겨 놓을 수만은 없었다. 광역살포기를 탑재한 차량으로 전 농지를 순회하며 공동작업을 했다. 투철한 책임의식을 지닌 작목회 임원진들의 헌신과 농업기술센터의 전문 기술 지원 덕택이었다.

10월 말 추수한 벼는 농가별로 농업기술센터의 미질검사를 받는다. 미질의 주요 결정요인인 단백질 함량이 6% 이상인 벼는 농협에서 수매하지 않는다.

우리 농협은 작목회 창립 초기부터 분명한 목표를 설정했다.

"전국 최고 품질의 쌀을 생산한다."

이를 위해 우리 농협은 우리 쌀을 객관적으로 평가받기 위해 전국 단위 품평회에 입상을 목표로 출품하고자 했다. 그런데 품평회는 일정 규모 이상의 생산량을 조건으로 출품 자격을 제한하고 있었다. 다행히 '전국친환경농산물품평회'에는 출품이 가능한 것으로 확인되었다. 본격적으로 이 대회에 참가하기 위해 사전 준비를 철저히 했다. 분명한 목표가 있으면 준비는 더욱 정교하게 이루어지기 마련이다.

추수기 이후에 시식행사를 개최하였다. 작목회에서 생산한 쌀로 밥을 지어 학교의 학생들과 소비자를 찾아 객관적인 평가를 받았다. 그리고 연중 쌀을 생산하는 과정마다 동영상을 촬영하여 홍보물을 만들었다.

2006년에 창립한 양서농협 친환경 미곡작목회는 불과 만 3년 만에 전국 단위 품평회에서 대상인 국무총리상을 받았다. 전국에서 친환경 쌀 1등을 한 것이다. 이어서 2011년, 2012년, 2014년 계속해서 농림부장관상을 받았다. 작목회에서 생산하는 '밀키퀸쌀'은 시중에서 정곡 80kg 기준으로 48만 원에 유통하고 있다. 지난 2016년부터 이마트에도 납품하고 있으며 전국 최고 명품 쌀로 자리 잡았다.

현재는 60ha 면적에 80여 명의 회원들이 작목회에 참여하고 있다. 이들의 자부심은 대단하다. 작목회에서 제시하는 농법을 제대로 실천해서 출하하면 다른 지역에서 상상할 수 없는 높은 가격을 보장받으니 더없이 만족해한다.

양서농협의 구역인 양서면·서종면은 인근의 여주·이천 지역과 달리 미질이 좋은 생산지는 아니다. 오히려 양평군 내에서도 임야가 상대적으로 많고 토질이 좋지 않은 편이다. 그럼에도 불구하고 양서농협은 전국에 자랑할 수 있는 명품 쌀을 생산하고 있다. 이는 지난 10여 년 동안 지속해서 토양을 개량하고 과학적인 처방을 통해 미질을 개선해왔기 때문에 가능한 일이었다.

또한 전문가 집단이 긴밀하게 협력하는 동반관계가 참으로 중요했다. 헌신적인 봉사정신과 투철한 사명감으로 뭉친 작목회 임원진과 농업기술센터의 전문적인 농업기술과, 농협의 계획적인 생산, 유통이 서로 결합한 삼위일체의 결실인 것이다. 성공은 혼자의 힘으로 만들어질 수 없음을 다시금 확인했다. 이러한 교훈은 앞으로 양서농협이 다양한 사업을 추진하는 데 엄청난 뒷심으로 작용할 것이다.

어머님, 아버님,
고품격 건강검진 받으세요!

의료 기술의 발달은 생명을 더욱 연장시켰지만, 그만큼 노화에 따라오는 질병들로 고생하는 기간도 길어졌다. 바야흐로 무병장수(無病長壽)가 아닌 유병장수(有柄長壽)의 시대가 온 것이다. 젊은 시절 건강했다고 해서 현재의 건강을 무조건 자신해서는 안 된다. 환경 변화로 인해 건강을 위협하는 요소도 다양하다. 치명적인 증상이 나타나고 난 이후에는 잃어버린 건강을 돌이키기가 쉽지 않다. 정기적으로 건강검진을 받아 수시로 몸 상태를 확인해야 하는 이유이다.

그러나 몸에 이상 증세가 나타나도 "이 정도는 괜찮다"며 차일피일 병원 가기를 미루는 것이 사람이다. 스스로 꼬박꼬박 건강검진을 챙기기는 쉽지 않다. 특히 농촌 지역 주민들은 신뢰성이 높은 건강검진센터를 방문하려면 차량으로 장거리를 이동하는 수고로움을 감수해야 한다. 이러한 불편함을 알기에 농협이 조합원 건강검진을 시행하기로 했다. 조합원을 위한 실익사업이자 복지사업으로서, 농협의 사명에 딱 어울리는 사업 같았다.

하지만 전 조합원을 대상으로 건강검진을 하는 것은 막막한 일이었다. 당시 양서농협 조합원은 약 2,000명이었다. 일단 막대한 예산이 필요했고, 설령 예산이 확보된다 하더라도 전 조합원에게 어떤 방식으로 건강검진을 시행할 것인지도 문제였다. 다른 농협에서의 사례를 찾을 수도 없었다. 많은 검진기관과 접촉하며 방안을 모색하였지만 마땅한 방법을 찾기가 어려웠다.

그러던 중 조합장의 이전 인연으로 수원 소재 한국의학연구소와 논의를 시작하면서 일이 풀리기 시작했다. 수차례의 협의를 거쳐 합리적인 방안이 발견됐다. 건강보험공단에서 2년마다 실시하는 무상 건강검진 프로그램에 우리 농협의 건강검진을 접목하는 방식이었다. 건강보험공단에서 제공하는 기본적인 검사항목에, 농협에서 투입한 예산으로 검사항목을 추가함으로써 필요한 검사를 모두 갖춘 제대로 된 건강검진 프로그램을 만들었다. 공적인 건강검진 프로그램을 활용하여 최소한의 예산으로 최대한의 효과를 거둘 수 있는 프로그램을 탄생시킨 것이다. 전국 최초 양서농협만의 종합검진프로그램이었다.

 국민건강보험은 출생연도의 끝자리 기준 2년 주기로 검진을 실시한다. 짝수년도에 태어난 사람은 짝수 해, 홀수년도에 태어난 사람은 홀수 해에 검사를 받게 된다. 양서농협 종합검진도 이에 맞추어 시행된다. 이를테면 2017년도에는 홀수년도에 출생한 조합원이 검진을 받는다. 이렇게 국민건강보험공단과 연계한 건강검진 프로그램을 2006년 처음 시행하여 지금까지 줄곧 지속하고 있다.

 시행 초반에는 참여율이 그리 좋지 않았다. 당시 대상자는 약 1,000여 명이었는데 참여율이 45%에 불과했다. 조합원의 건강을 챙기고자 시작한 좋은 사업임을 생각하면 미흡한 수치였다.

 당시 각 검진기관의 건강검진 경쟁이 과열되고 있었다. 면민회관 등 공공장소에 이동검진차량을 세워놓고 주민을 모아 건강검진을 해주는 광경을 흔히 볼 수 있었다. 의료기관이 일정 조건만 갖추면 건강보험가입자의 검진이 가능하여, 검진을 실시하고 건강보험공단에 검진비를 청구할 수 있었기 때문이었다. 또 서울 종합병원에서 고가의 건강검진을 받던 조합원들은 농협에서 시행하는 건강검진의 품질이 낮을 것이라 지레짐작하고 농협 건강검진을 외면했다.

 매년 3월을 '조합원 건강검진의 달'로 지정하고 조합원 교육이나 소식지 등을 활용하여 적극적으로 홍보했다. 또한 제대로 된 조합원 건강검진이 되기 위해서는 품질이 최우선이라 여기고, 매년 검진 항목 수를 늘리는 등 품질 개선 노력을 지속했다. 2017년 현재 양서농협 조합원에 제공되는 건강검진은 국민건강보험공단의 28개 기본항목에 농협에서 약 65개 항목을 추가한 총 93개 항목이다. 그동안 매년 종양 표지자(PSA, CA125) 검사, 갑상선 기능(T4) 검사, 골밀도(25-OH Vitamin D) 검사, 췌장(Lipase) 검사 등을 추가해왔다. 이는 종합병원 최상급 검진 수가에 해당하는 고품격 검진이다.

사후관리에도 철저를 기했다. 검진 결과가 나오면 의료진이 직접 양서농협에 사무소별로 방문하여 조합원 개개인에게 전달했다. 검진센터에서 분석한 결과에 대한 자세한 설명과 건강상담을 병행하고, 검진 후 중증 소견이 나온 조합원에게는 즉각 통지하여 대형병원에서의 정밀검사, 수술 등 후속 조치가 신속하게 이루어지도록 했다. 그 결과 매년 다수의 조합원이 병을 조기에 발견하여 완치할 수 있었다. 지난 10여 년간 정기적으로 건강검진을 해온 덕분에, 조합원의 과거 병력과 비교해 현재의 건강 상태를 확인할 수 있다는 것도 양서농협 건강검진의 크나큰 장점이다.

최근에는 평균 80%의 조합원이 검진에 참여한다. 60세 이상 조합원이 전체 조합원의 70% 이상인 점을 생각하면, 거동이 불편하거나 부재중인 조합원을 제외하곤 거의 모든 조합원이 참여한 수준이다.

양서농협의 건강검진프로그램은 이제 전국 농협에서 앞다투어 시행하는 대표적인 복지모델로 자리 잡았다. 지난 2015년에 KBS 라디오 〈싱싱 농수산〉 프로에 조합장이 출연하여 인터뷰를 진행하기도 했다.

한번은 건강검진을 받은 조합원이 돌아오면서 말했다.

"양서농협이 효자다."

건강검진사업을 통해서 양서농협은 조합원으로부터 굳은 신뢰를 얻게 되었다. 이러한 조합원의 마음이 농협 사업에 대한 더 큰 관심과 참여로 이어졌음은 물론이다. 농협이 진정성을 갖고 조합원을 위한 실익사업을 추진하면, 조합원 역시 열정을 갖고 자발적으로 농협 사업에 참여한다. 양서농협이 지난 10년간 뚜렷하게 성장하며 높은 성과를 거둘 수 있었던 것도 농협 사업에 대한 조합원들의 신뢰와 참여 덕택이었다.

삶의 질을
높이는 맞춤형 복지사업

'조합원에게 이익이 되는 일을 찾는다'는 우리의 원칙이 다시 한 번 빛을 발한 것은 복지사업에서였다. 조합원이 무엇을 원하는지, 무엇을 필요로 하는지 알려면 조합원들을 잘 살펴야 한다. 자연히 조합원들의 연령, 건강상태, 환경 등에 관심이 갔다.

양서농협 관내 지역 역시 다른 농촌 지역과 마찬가지로 지속적인 고령화 추세 속에 있었다. 원로조합원에 대한 복지지원을 강화하는 것은 물론, 사업내용 역시 조합원들의 현실적 필요에 따라 변화할 필요가 있다고 여겼다. 조합원 행복을 최우선 가치로 삼는 양서농협만의 맞춤형 복지사업 개발을 고민했다.

2010년부터 시작된 복지이용권 사업은 원로조합원이 특히 필요로 하는 재화나 서비스를 찾아 이를 원활하게 공급하자는 취지에서 이루어졌다. 노령층은 자칫 청결과 위생관리에 소홀해지기 쉬운데, 이는 건강은 물론 사회활동을 하는 데에도 악영향을 주어 삶의 질을 떨어뜨린다. 지역 내 목욕탕, 이발소, 미장원 등과 농협이 계약을 체결하여 할인된 가격으로 서비스를 받을 수 있는 복지이용권을 발급하기로 했다. 농협 가입 20년이 넘은 70세 이상 원로조합원에게 1인당 연간 15만원 상당의 복지이용권을 지급했다. 농협 하나로마트에서 염색약, 지팡이, 내복, 양말 등 외모와 복장을 관리하는 데 필요한 용품을 구매할 때도 복지이용권을 사용할 수 있다. 지난 6년간 총 3,300여 명의 조합원이 4억 8,000만 원 상당의 이용권을 지급 받았다.

또한, 나이가 들수록 사람과의 교류, 커뮤니티 활동의 중요성이 커진다는 것을 고려하여 지역 노인회 분회, 경로당 등 모임의 운영비를 지원하기로 했다. 현재 노인회 분회 2곳에는 각 500만 원, 영농회별 경로당 50여 곳과 유공자단체에는 각 130만 원씩 연간 8,300만 원을 매년 운영금으로 지원하고 있다. 70세 이상 원로조합원을 대상으로 운영하는 힐링체조교실, 모든 조합원을 대상으로 운영하는 노래교실 등도 조합원들의 생활에 활기를 불어넣으며 더 폭넓은 교류의 기회를 제공하고 있다.

매년 꼬박꼬박 벌어지는 경로잔치도 조합원은 물론 지역 주민

모두의 즐거움이다. 원래 여 조합장이 취임한 2005년에는 야외 체육공원에서 게이트볼 대회와 함께 경로잔치를 개최했지만, 초청할 수 있는 인원에도 제한이 있고 한나절 진행되는 경로잔치를 위해 연로한 조합원이 행사장까지 나오는 것도 불편했다. 이런 문제점을 개선하고자 착안한 것이 현재 진행되고 있는 '찾아가는 경로잔치'이다. 처음에는 원로조합원에 국한된 경로잔치였지만 지금은 조합원 전원이 참여하는 잔치로 확대되었다.

시기는 초복에서 말복 사이. 농협에서 소머리, 닭, 쌀 등 음식 재료 일체와 비용을 지원하고 각 마을 부녀회에서 봉사하여 삼계탕, 소머리국밥, 전, 묵 등의 음식을 마련하고 행사를 개최한다. 원로조합원에 대한 경로의 의미와 함께, 평소 농협 사업에 적극 관심과 참여를 보여주는 모든 조합원에 대한 감사와 보답의 잔치다. 모든 조합원과 농협이 화합하는 자리임은 물론이다. 이렇게 '찾아가는 원로조합원 경로잔치 및 조합원 화합 한마당 잔치'는 10년 가까이 매년 성황리에 개최되고 있다.

또 70세 이상 조합원과 배우자, 조합원 부모를 대상으로 장수사진을 촬영하고 액자를 제작하여 증정하고 있다. 자식이 가족사진을 찍자고 할 때는 "다 늙어서 무슨 사진이냐"며 손사래를 치던 분들도 농협에서 제공한다고 하면 쾌히 촬영에 응하신다. 이렇게 남은 사진은 조합원들에게도 가족에게도 귀한 보물이 된다. 매년 50

명 이상의 조합원이 이 장수사진 촬영 서비스를 이용하고 있다. 작은 사업이지만 큰 보람을 느낄 수 있는 일이다.

조합원 해외연수의 기회가 원로조합원에게 우선적으로 돌아간다는 것도 조합원의 특성을 잘 살핀 양서농협만의 특징이다. 여조합장이 취임한 2005년 이후 양서농협에서는 매년 100명씩의 조합원에게 중국 북경, 상해, 대만 등 해외연수를 제공하고 있다. 상당수 농협에서 영농회장, 부녀회장, 대의원 등을 위주로 연수 대상자를 선발하는 경우가 많지만, 양서농협에서는 전 조합원을 대상으로 연령, 농협 가입연도를 기준으로 순차적으로 선발한다. 자연히 고령 조합원이 우선적으로 뽑히게 된다. 2005년 처음 연수를 진행할 때는 고령 조합원이 상당수를 차지했고 90세의 조합원도 해외연수에 참여해 여행사에서 놀랄 정도였다. 참여한 조합원 대부분이 첫 해외연수였다.

연수를 다녀온 조합원들은 하나같이 높은 만족감을 표한다. 고령의 조합원들이 낯선 해외에서 어려움을 겪지 않도록, 연수에 동반한 수행직원들은 항상 최선을 다한다. 평소의 꾸준한 친절봉사 교육 덕택인지 먼저 살피고 배려하는 데 능숙하다. 조합원들도 농협 직원들의 정성 어린 수행에 감동과 감사를 표시하며 유대를 나눈다. 해외연수는 조합원들이 양서농협 조합원으로서 자긍심과 보람을 느끼게 하는 성공적인 행사로 꼽히고 있다.

학자금을 지원하는 것도 양서농협이 오랫동안 공들인 복지사업이다. 2005년부터 전 조합원을 대상으로 조합원의 자녀 및 함께 거주하는 손자, 손녀의 대학 학자금을 지원해왔다. 매년 50명 이상의 자손들이 양서농협 학자금 지원을 받고 있다. 후계세대를 육성하고 지역의 인재를 양성하기 위한 노력이다.

이제껏 양서농협이 추진해온 여러 복지사업이, 조합원들의 행복을 키우는 것은 물론 지역과 농협이 함께 성장하기 위한 발판이 되리라고 믿는다.

나눔을 실천하는
행복플러스봉사단

양서농협 건물에는 작은 조리실, 세탁기와 건조기가 설치된 빨래방, 그리고 2평 규모의 김치저장고가 있다. 지역의 어렵고 소외된 이웃을 돕기 위해 마련한 공간이다. 2006년 양서농협이 관내 부녀회 회원을 대상으로 조직한 봉사단체 행복플러스봉사단이 이곳을 기지 삼아 지역에서 종횡무진 활약하고 있다.

행복플러스봉사단은 매월 2회 조리실에서 양서농협이 지원하는 식재료로 반찬을 만든다. 지역의 혼자 사는 어르신들을 위한 반찬이다. 봉사단원들은 홀몸 어르신을 주기적으로 방문하며 빨래와 청소 등 필요한 수발을 들어드린다. 목욕을 도와드리기도 하고 병원에도 모시고 간다. 매년 5월 가정의 달에는 어르신을 모시고 고궁 나들이도 간다. 이렇게 봉사를 한 지가 10년이 되었다. 말벗을 해드리고 어르신들의 건강을 돌보며 인연을 맺어오다 보니 가족처럼 정이 든 단원과 어르신도 있다. 현재 70여 명의 봉사자가 30여 명의 홀몸 어르신을 모시고 있다.

지역 경로행사가 있을 때 가장 먼저 팔을 걷고 나서는 것도 행복플러스봉사단이다. 관내 보육원과 장애인 시설 원생들의 야외 나들이 행사에 참여하고, 목욕봉사에도 동참한다. 지역 사회복지기관에서 행사나 건강검진이 있을 때 도우미 역할도 한다.

매년 입동 즈음에는 김장 행사를 한다. 약 1,000여 포기의 김치를 담가 일정량은 관내의 보육원과 장애인시설에 보내고, 나머지는 농협의 김치저장고에 보관했다가 행복플러스봉사단이 모시는 홀몸 어르신 등 필요로 하는 분들께 연중 전달한다.

이 김치저장고는 모두에게 열려있다. 적십자봉사단, 성당 봉사단 등 관내에서 봉사활동을 하는 지역봉사단체라면 어디든 양서농협의 김치저장고에서 김치를 제공받을 수 있다. 빨래방 역시 마찬가지다. 홀몸 어르신들을 모시는 행복플러스봉사단만이 아니라, 다른 봉사단체에서도 필요하면 수시로 양서농협 빨래방을 이용할 수 있게끔 시설을 개방하고 있다. 지역에서 나눔경영을 실천하고자 하는 양서농협의 작은 마음이다.

농협은 지역사회에 뿌리내리고 성장한다. 지역의 어렵고 소외된 이웃이 희망을 갖고 행복을 찾도록 든든히 지원하는 것도 농협의 사명 중 하나이다. 지역사회와의 상생을 위한 양서농협의 노력은 앞으로도 계속될 것이다.

양서농협
견학에는 술이 없다

여 조합장 취임 이후 양서농협은 임원·대의원·영농회장·부녀회장 등 조합원을 대상으로 하는 선진지(先進地) 견학 등 각종 행사에서 일체의 주류를 버스에 싣지 않았다. 모든 행사는 그 행사의 취지에 맞게 제대로 치르고, 음주는 공식 일정이 전부 종료된 이후에만 허용한다. 단 한번도 예외를 인정하지 않고 이 원칙을 지켜왔다. 이것이 가능했던 것은 양서농협의 CEO인 리더의 결단이 있었기에 가능한 일이었다.

요즘도 타 농협이나 일반단체에서 이른바 선진지 견학을 갈 때 출발할 때부터 음주를 시작한다는 얘기가 들린다. 10여 년 전에 양서농협도 그랬다. 출발할 때 시작한 음주는 자연스럽게 가무로 이어졌다. 행사에 참가한 조합원이 목적지에 도착하기도 전에 술에 취하고 몸을 가누기조차 힘들어하는 상황이 발생한다. 직원 행사에서도 대체로 대동소이하다. 그런데도 이를 바로잡기는 쉬운 일이 아니었다. 고양이 목에 방울을 다는 격이라 할까! 대다수가 문제라고 이야기하지만, 누구도 전면에 나서서 과감하게 개선하자고 하는 사람이 없었다.

오랫동안 관례라는 이름으로 굳어진 문화를 하루아침에 바꾼다는 것은 정말로 어려운 일이다. 혁명은 쉬워도 개혁은 어렵다고 하지 않는가? 이를 바꾸는 일은 두 가지 조건이 충족되어야 한다. 첫째는 사람이고 둘째는 시간이다. 변화, 혁신의 조건인 것이다.

조합장은 이러한 문제를 해결하기 위해 취임과 동시에 금주를 선언했다. 그 덕분에 이제는 양서농협의 반듯한 조직문화로 자리 잡았다. 취임하고 6개월이나 1년 후 금주를 시작했다면 무조건 실패했을 것이다.

시행 초기에 농협에서 외부행사를 나가면 늘 참석한 조합원과 직원 간에 실랑이가 일어나곤 했다. "농협 행사에서 소주 한 잔 주지 않는 경우가 어디 있느냐!" "술을 내놓으라!"며 조합원이 직원들을 닦달하기 일쑤였다. 책임자와 직원들이 간신히 무마하고, 일단 일정을 마치고 난 후 조합원이 요구하는 대로 술을 제공하면서 이 원칙을 지켜나갔다.

아마도 2007년 초였을 것이다. 임원, 대의원, 영농회장, 부녀회장 등 약 150여 명의 조합원을 모시고 1박 2일 교육차 전남 여수에 갔다. 행사 당일, 새벽에 출발하여 여수 행사장에서 점심을 간단하게 하고 곧바로 오후에 2~3시간의 농협 사업 현황 보고를 치를 예정이었다. 양평에서 행사장인 여수까지는 4시간 이상 이동해야했다. 우리는 고민했다. 갇힌 공간에서 4시간을 이동하자면 조합원이 반드시 술을 요구할 것이다. 우리는 조합원을 무작정 달래기보다는 조합원의 관심을 어떻게 하면 다른 방향으로 돌릴 것인가를 생각했다. 그리고 영화관람, 게임 진행, 간식거리 제공 등으로 조합원의 음주 욕구를 차단했다.

이렇듯 양서농협은 건전한 문화체험을 강화했다. 서울의 경복궁, 창경궁, 창덕궁, 운현궁, 덕수궁, 칠궁 등 고궁들을 섭렵하고 국립박물관, 전쟁박물관, 독립기념관 등도 방문하여 의미를 새겼다. 예술의전당, 대학로 극장, 장충체육관, 잠실경기장 등지에서 뮤지컬, 연극, 마당놀이 등도 관람했다. 양서농협의 대강당에 연극배우나 마술사를 초청하여 공연하게 하고 오케스트라와 발레단까지 초청하여 조합원이 편안하게 관람할 수 있도록 했다. 인기리에 상영되는 영화는 수시로 영화관을 단독 임대하여 단체관람했다.

연초에 직원들을 대상으로 시행하는 해맞이 행사에서는 경건한 공식행사를 마치면 사전답사한 주변의 문화유적지를 전문 해설사의 해설을 들으며 문화유적에 대한 이해를 높였다. 근로자의 날 행사도 서울 등지의 고궁 관람과 뮤지컬 관람 등으로 다채롭게 진행한다.

이제 양서농협은 음주가무 일변도의 소모적이고 비생산적인 행사를 지양하고 조합원들에게 건전하고 품격 있는 다양한 문화체험을 제공하며 양서농협만의 문화를 구축하고 있다. 서울 등지에서 이주한 조합원들까지도 양서농협에서 진행하는 수준 높은 문화체험에 참여하면 놀라고 감동한다. 그리고 조합원들은 양서농협이 지역 내에서 건전한 문화를 선도하는 데 중추적 역할을 한다며 격려한다.

'농협다운 농협, 1등 농협'을 지향하는 양서농협으로서는 이러한 평가를 받고 있음에 감사와 자부심을 느낀다.

농협 사업을 신뢰하고 헌신하는 조합원이 있는 이상,
양서농협의 성장과 발전은 확실하다.

4.

대한민국 농협을 선도한다

성과를
내는 기준과 원칙

　나는 전무로 부임하고, 신임 조합장과 함께 농협 사업을 하나씩 꾸준하게, 그야말로 쉼 없이 추진했다. 그 사업의 방향 및 목표는 수차례 걸쳐 언급했듯이 '농협다운 농협, 1등 농협' 달성이었다. 이런 마음가짐으로 사업에 임할 수 있었던 것은 '최고의 농협경영 전문가'를 이루고자 하는 간절한 나의 포부와 매사에 사업 추진력이 뛰어난 조합장의 강력한 리더십이 있었기에 가능했다.

　방향성을 설정하면 조합장과 전무가 호흡을 맞춰 사업을 추진 했다. 자세하고 꼼꼼하게 주변을 두루 챙겼다. 그 바탕에는 '혁신'이 있었고, 무엇인가를 도모하거나 실행함에는 '열정'이 있었으며 그 결실은 '탁월'함으로 빛났다. 조합원을 위한 일이라면 늘 현재보다 더 나은 상태를 추구하고, 뜨거운 열정으로 탁월한 성과를 내고자 했다.

그런데 조직이 지속해서 변화하고 혁신한다는 것은 쉽게 이루어지는 것이 아니다. 기본적으로 조직원은 변화를 거부하고 두려워하며 저항하는 속성이 있다. 그런 점에서 변화, 개혁을 추진할 때는 일정 기간 안에 반드시 성과를 만들어 조직원을 납득시켜야 한다. 이것을 실현하지 못하면 추진 동력을 확보하기가 어렵다. 변화와 개혁을 시도하는 많은 리더가 초기에 동력을 확보하지 못하여 결과를 내는 데 실패한다.

여 조합장이 취임한 이후, 임직원 사업 추진 워크숍에서 "1등 농협 우리가 해내겠습니다"를 2006년 경영목표로 선포했다. 과감하고 도전적인 목표였다. 이전까지 양서농협에서는 농협중앙회에서 주관하는 지역농협 대상 종합업적평가를 등한시했다. 그 때문인지 경기도 100여 개 농협 중 2004년도 종합업적은 37위였고, 2005년도에는 53위로 중위권이었다. 그런 양서농협이 '1등'을 하겠다고 과감하게 도전장을 던진 것이다.

새로운 목표는 조직에 새로운 활기를 부여했다. 우리는 목표를 달성하기 위해 1년 내내 필사적으로 노력했다. 과단성 있게 각종 사업을 추진하는 것은 물론, 신규 사업과 기존 업무가 모두 원활하게 진행되도록 매사를 확인하고 점검했다. 그리고 미비점을 해결하기 위한 대안을 찾아 실행했다. 이는 분명한 성과를 만들어 내야 한다는 간절함과 의지에서 비롯했다.

우리의 노력은 성과를 거둬, 2006년도 종합업적평가에서 전국 농협 농촌형 2형 그룹에서 1위를 달성했다. 그야말로 꿈을 꾼대로, 꿈이 현실이 되었다.

경기도에서도 상대적으로 낙후된 양평군의 작은 지역농협의 전국 1위. 이는 농협조직과 조합원에게 엄청난 자극이 되었다. 놀라고 기뻐한 것은 양서농협의 임직원만이 아니었다. 양평군 내의 다른 지역농협 임직원에게도 큰 희망이자 용기가 되었다. 나도 내심 적잖이 놀랐다. 전무 재임 중에 기필코 우수경영자상을 받겠다는 욕심은 있었지만, 바로 첫해에 받게 될 줄은 몰랐다.

전국 1위를 달성하며 얻은 가장 큰 수확은 변화와 혁신으로 양서농협을 꾸준하게 바꾸어나갈 수 있는 추진동력을 확실히 확보했다는 점이다. 그 후, 직원들은 하면 된다는 자신감을 얻고 집행부의 사업 추진에 깊은 신뢰를 보냈다. 조직을 운영하는 데 이 점은 대단히 중요하다. 리더가 제시하는 사업에 구성원이 신뢰를 갖고 동참한다는 것은 조직을 강력하게 추동하는 힘이었다.

이때 키운 저력은 이후로도 이어졌다. 2007년도에도 전국 1위를 지켜 2연패의 위업을 달성했다. 2008년에는 농협다운 농협에 수여하는 '새농협상'이란 상에 도전하여 장려상을 받았다. 2009년에는 전국 농협 중 도에서 한 곳에만 수여하는 '총화상'을 수상했다. 화합과 단결로 최고의 성과를 만들어 내는 모범적인 농협에 주는 상이었다. 또한, 조합장이 선거 공약으로 제시했던 쌀 명품화 사업을 진행하여, '친환경 미곡작목회'를 결성하고 만 3년 만에 전국친환경농산물 품평회 쌀 부문에서 대상인 국무총리상을 받았다. 아마도 이 4년은 양서농협 설립 이래 최고의 전성기였을 것이다.

4년간 사업을 추진하면서 큰 성과를 낼 수 있었던 데는 우리가 지킨 농협경영의 기준과 원칙이 큰 역할을 했다.

첫째, 전 직원이 명확한 목표를 공유했다. 연초 전체 임직원 워크숍에서부터 매월 전체 직원회의, 그리고 매주 책임자 주례회의를 통해 전 직원을 대상으로 해당 연도 사업 추진목표를 명확하게 공유하였다. 물론 회의만 한다고 목표가 공유되는 것은 아니다. 농협의 리더인 조합장과 전무가 목표달성에 관해 확고부동한 의지를 갖고, 이를 진정성 있게 소통하는 것이 먼저다.

둘째, 리더가 솔선수범했다. 모든 사업을 추진할 때 리더가 직원과 함께 참여해야 함은 너무나도 당연하다. 우리 농협이 사업 실적 부진으로 대책회의를 진행할 때 리더는 늘 그 중심에서 함께한다. 조합장과 전무는 매번 선두에 서서 방향을 제시하고 직원들을 끊임없이 독려한다.

셋째, 전사적으로 추진했다. 우리 농협은 어떤 사업을 하든 예외 없이 전사적인 참여를 하는 것이 원칙이다. 많은 사람의 관심과 참여가 있을 때 어떤 일이든 힘을 얻고 기세가 붙기 마련이다.

이 세 가지 기본 원칙은 양서농협에서 사업을 추진할 때면 언제나 충실하게 준수되었다. 조합원을 위한 다양한 사업을 기획하고, 열정과 진정성을 가지고 추진해나가는 모습을 보면서 조합원도 농협을 굳게 믿고 의지하기 시작했다. 여기에 양서농협이 2년 연속 전국 1위를 달성하고 각종 큰 상을 받는 것을 지켜보면서 양서농협 임직원과 조합원의 자신감과 사기는 하늘을 찌를 정도로 충만했다. 양서농협이 일군 성과는 임직원의 전사적인 열정, 그리고 조합원의 높은 관심과 참여 덕분이었다.

양서농협 2015 비전

양서농협은 내부조직장인 대의원과 영농회장, 부녀회장을 비롯하여 관내 기관장과 전, 현직 임원이 참석한 가운데 2012년 정기총회를 개최했다. 나는 이 자리에서 '양서농협 2015 비전' 수립의 의미와 배경 그리고 과정을 20여 분에 걸쳐 설명했다. 여 조합장은 향후 5년 또는 10년 후까지 양서농협이 발전할 부분에 주목하고 있었다. 그 때문에 조합장은 임기가 만료되는 2015년에 양서농협이 도달했으면 하는 미래상을 제시한 것이다. 이제까지 일구어낸 업적과 성과를 뛰어넘어 양서농협을 명실상부 최고의 농협으로 발전시키겠다는 확고한 의지를 보였다. 나 역시 조합장의 생각과 같았다.

2012년 정기총회에서 여 조합장은 양서농협에서 기필코 이루고자 하는 미래상을 선포했다.

양서농협의 2015 비전은 "대한민국 농협을 선도하는 양서농협"이었다. 경기도 내 100여 개의 농협을 대표함을 자임하며 더 나아가 전국 농협을 선도하겠다는 도전적인 선언을 한 것이다.

그러나 말하길 좋아하는 사람들은 호의적이지 않았다. "비전은 규모가 제법 큰 조직에나 필요하지 지역농협처럼 작은 조직에서 뭘 하는 거냐?" "비전이 없어도 사업을 추진하는 데 아무 문제가 없다." "비전 선포식은 창립기념일 등 기업의 특정일에 거행하는 단순한 대외홍보용 이벤트일 뿐이다." 등의 비난이 들려왔다.

실제로, 비전에 관한 이해가 부족한 상태에서 외부홍보용으로 비전 선포식을 거행하는 조직이 있을지도 모른다. 나 역시 그동안 비전이나 비전 선포식이 겉모양뿐이라는 편견이 있었다. 하지만 오랫동안 다양한 사업을 추진하면서, 연도별 경영 슬로건을 활용해 보니 비전이 있고 없고의 차이는 확연했다.

이미 우리는 "1등 농협 우리가 해내겠습니다"로 직원들을 하나로 통합하고 일관성 있게 사업을 추진하여 전국 1위란 성과를 거두지 않았던가. 슬로건은 임직원과 조합원이 분열되지 않고 앞으로 나아갈 방향성을 제시하고, 사업 추진 방향에서 일관성을 유지하게 한다. 그리고 슬로건을 달성하고자 하는 의지에서 창의성과

영감이 생겨난다. 경영 슬로건이 해당 연도의 목표를 보여주는 것이다. 그렇다면, 슬로건에 양서농협의 중·장기적인 미래상을 담으면 바로 그것이 비전이 아닌가 하는 생각이 들었다.

2009년에 취임한 여 조합장의 임기는 애초 만 4년인 2013년에서 2015년으로 연장되었다. 이는 전국 농협 조합장 선거를 동시에 시행하고자 하는 농협법 개정에 따른 조치였다. 그래서 조합장의 임기가 만료되는 2015년을 기준으로 삼아 비전을 수립한 것이다. 이는 또 다른 의미에서는 처음 조합장으로 취임한 시점에서 만 10년이 지난 양서농협의 미래 모습이기도 했다.

"어떤 분야에서 최고 수준의 성과와 성취에 도달하려면 최소 10년 정도는 집중적인 사전 준비를 해야 한다"는 법칙이 있다. 우리는 이미 그 길을 가고 있는 것이다. 이미 양서농협은 변화된 모습을 경험하고 있었다.

1년여 동안 비전 수립을 위해 미리 조사하고 공부하며 양서농협에서 만들고자 하는 미래상을 가다듬었다. 그리고 연말에는 전 직원을 대상으로 상담과 설문을 실시했다. 그렇게 2015년에 맞이할 양서농협의 미래 모습을 우리 직원들만의 역량으로 구체화했다.

"대한민국 농협을 선도하는 양서농협"

이는 경기도 내 100여 개의 지역농협 중 사업 성장이나 조합원을 위한 사업 추진 측면에서 경기도를 대표하는 농협으로 발돋움

했다는 자신감을 바탕으로 했다. 또한, 조합원을 위한 다양한 실익사업을 적극적으로 실행하여 많은 조합원으로부터 긍정적인 평가와 신뢰를 받고 그 신뢰에 보답하겠다는 의지였다. 그리고 우리가 농협 정체성에 충실한 모범적인 농협을 만들고 있다는 자부심으로 전국의 농협을 선도하겠다는 도전이었다.

양서농협은 비전 선포일을 기점으로 이 슬로건을 각종 현수막이나 직원들이 사용하는 모든 서류에 게재토록 했다. 또한 양서농협의 모든 사업을 전국 농협의 모델이 될 만한 탁월한 수준으로 추진하기 위한 목표를 설정했다.

첫째, '농협다운 농협'이라는 목표를 더 강화했다.

기본에 더욱 충실한 농협을 지향하기로 하고 조합원과 고객에 대한 본격적인 친절봉사 활동을 전개했다. 종전의 영농회 좌담회를 확대한 전 조합원 초청 사업보고회를 시행했다. 조합원에게 전반적인 농협 사업 현황을 자세하고 투명하게 보고함으로써 조합원의 농협 사업 이해도를 더욱 높이고자 한 프로젝트다.

둘째, '1등 농협 달성'이다.

우리 농협이 달성하고자 하는 불변의 목표이다. 1등 농협이 되기 위해서는 지속적인 성장을 해야 하는데 현실적으로 이를 달성한다는 것은 쉽지 않았다. 그럼에도 우리 농협은 사업목표를 항상 1등으로 설정했다.

경영의 핵심,
전사적인 고객 친절운동(CS)

　조합장은 재선 임기를 시작하며 조합원과 고객에 대한 친절봉사를 최대 역점사업으로 두었다. 지난 4년간 '농협다운 농협'이란 기본에 충실한 경영을 중점적으로 추진했고 많은 성과를 거두었다. 이에 두 번째 임기에서도 기본에 충실한 경영이란 원칙을 바탕으로 더욱 내실을 기하고자 했다.

　양서농협에서는 친절봉사로 조직문화를 바꿔 성공한 조직 두 곳을 주목했다. 앞에서도 언급했던 MK 택시와 안동병원이다.

　친절의 대명사인 일본 MK 택시는 영국 여왕이 일본을 방문했을 때 일본 정부에서 제공하는 차량 대신 MK 택시를 요청해서 유명해졌다. 이 회사의 본사 교육 자료 첫 장은 "평생 단 한 번의 만남

(一期一會)"으로 시작한다. 지금 이 순간에 만난 고객을 평생 단 한 번의 만남으로 인식하며 온 정성과 친절을 다해 모시겠다는 것이다.

안동병원은 MK 택시의 정신을 철저하게 배우고 실천하여 성공한 곳이다. 적자였던 안동병원은 "환자가 주인이다"라는 명제를 경영의 중심에 두고 이를 꾸준히 실천하면서 다시 살아났고, 지역경제에도 크게 이바지했다.

이 두 조직이 친절교육으로 성공한 조직이 되었듯이, 양서농협도 조합원과 고객들에게 제대로 된 친절봉사를 수행할 수 있도록 교육을 강화했다.

양서농협 전 직원이 조를 짜서 안동병원을 방문, 안동병원이 실천하는 서비스 교육에 참여했다. 또한 서비스 자문 업체와 계약을 맺고 전 직원이 매주 1회 오전 7시에 전문 강사로부터 서비스 교육을 받도록 했다. 지속적인 교육과 더불어 분기별로 사무소별 친절봉사 역할극 경연대회를 개최했다. 친절봉사와 관련하여 고객에게 효과적으로 대응하는 방법을 역할극으로 만들어 사무소별로 경쟁하는 대회다.

직원들은 겉으로 내색하지 않았지만, 지속적인 교육과 분기별 역할극 대회를 무척 힘들어하는 듯했다. 그러나 이를 중단하지는 않았다. 오히려 친절봉사를 제대로 실천하는 회사들을 연이어 방문하고 체험하게 했다. 안동병원을 시작으로 지승룡 대표의 민들레영토, 인천공항공사 등을 비롯한 국내 회사는 물론, 견학방문단을 조직하여 일본 MK 택시에도 방문했다. 교토 본사에서 이론과 실습 교육을 받고, 택시에 시승하여 직접 서비스도 받아보았다. 친절서비스에 관하여 세계적으로 유명한 싱가포르 리츠칼튼 호텔에 투숙하여 품격있는 서비스를 체험하기도 했다.

그런 한편, 친절봉사 수준을 평가하기 위해 전 직원을 대상으로 연중 서비스 모니터링을 시행하였다. 신용사업장과 하나로마트를 대상으로 한 서비스 모니터링을 연 3·4회씩 실시하고, 서비스 수준에 따라 포상과 페널티를 엄격하게 부여했다. 개인에게는 포상금과 함께 친절 우수 직원 액자를 사무소별로 게시하여 격려하고 우수사무소에는 상당한 포상금을 내려주었다. 평가가 부진한 사무소에는 별도의 서비스 교육을 진행했다.

양서농협이 매월 운영하는 지식경영 아카데미에서도 전 직원의 서비스 수준 향상을 위한 특별교육을 상·하반기, 연 2회에 걸쳐 새벽 6시에 진행했다. 하나로마트는 일부 종사원이 오전 7시 30분 이전에 업무준비를 하므로 전 종사원의 참여를 위해 불가피하게 이른 시간에 진행했다.

2013년부터는 CS 연도대상을 시행하고 있다. 매년 최고의 서비스를 실천한 직원에게 시상하고 대상 수상자에게는 부상으로 부부 해외연수의 기회를 준다. CS 연도대상은 고객과 직접 접촉하지 않는 지원부서 직원들도 평가한다. 서비스 개념을 단순히 외부 고객과 접촉하는 업무에만 한정하지 않고, 직원들이 고객을 대상으로 원활한 업무수행을 할 수 있도록 지원부서가 적절하게 지원하였는지에 대해서도 평가했다. 이렇듯 탁월한 서비스를 실천한 직원에게 상당한 혜택을 줌으로써 고객서비스 정신을 조직문화로 받아들여 뿌리내리길 바랐다.

2009년부터 시작한 양서농협 CS 실천운동은 7년을 넘게 지속하고 있다. 결코 짧지 않은 세월이다. 이러한 노력의 결과인지 전국 단위 서비스평가에서 양서농협은 전국 10위 이내의 성적으로 우수한 평가를 받았다. 그리고 많은 조합원과 고객들이 양서농협이 예전보다 훨씬 친절해졌고 고객을 위해 열심히 일한다며 칭찬을 아끼지 않는다.

현재 양서농협의 서비스는 아직 흡족한 수준은 아니다. 구성원 간 체화된 문화로 정착하지 않았다. 다만 양서농협 성장의 발판은 바로 고객을 향한 친절에 있다는 것을 몸에 익히며 나아가고 있다.

전국 최고 참여율,
양서농협 사업보고회

　양서농협에 있어서 2012년은 매우 특별한 해였다. 처음으로 전 조합원을 농협 본점 대강당으로 초청하여 사업보고회를 가졌기 때문이다.

　양서농협은 매년 정기총회를 마치면 조합원에게 전년도 농업경영 현황 및 금년도 사업에 대한 보고를 한다. 양서농협 조합원은 3,000여 명에 달하기 때문에, 이전까지는 조합장을 비롯한 간부 직원들이 마을을 순회하며 농협의 사업을 보고하는 이른바 '부락 좌담회' 내지 '영농회 좌담회'를 가졌다. 그러나 양서농협에서는 협동조합의 주인인 조합원에 대한 사업보고의 중요성을 깊이 인식하고, 보다 체계적인 보고회를 진행할 필요성을 절실히 느껴왔다. 3,000명이 넘는 조합원을 본점으로 초청해서 보고회를 갖는 것이 여간한 일은 아니었지만, 우리는 반드시 이를 제대로 치르겠다는 의지를 가지고 준비해왔다.

조합장은 재임하면서 오랫동안 농협의 숙원사업이었던 본점 신축에 들어갔다. 30년 넘게 이용했던 낡고 좁은 본점을 헐어버리고 2010년 착공하여 이듬해 완공했다. 신축한 본점은 넓고 쾌적한 공간과 편리한 시설을 갖추었으며, 디자인과 기능성 모두에서 우수한 평가를 받아 농협중앙회가 선정한 2011년 최우수 건축물상을 수상했다. 본점을 신축하여 넓은 대회의실을 갖추었기에 2012년부터 전 조합원을 초청하여 사업보고회를 치를 수 있게 된 것이다.

사업보고회는 1일 150명~200명 내외의 조합원을 대상으로 하여 대략 3주에 걸쳐 진행했다. 조합원은 영농회별로 농협에서 제공한 대형버스를 타고 이동하여 행사에 참석한다. 보고회가 끝나면 구내식당에서 점심을 한 후, 버스로 귀가하는 일정이다.

행사 첫해인 2012년에는 참여율이 약 50% 수준이었다. 종전의 부락 좌담회보다 조금 참여율이 개선된 정도였다. 우리는 이를 더 개선하기 위하여 토요일에도 사업보고회를 가졌다. 조합원 중에는 생업 때문에 주중에는 참석하고 싶어도 참석하지 못하는 경우가 있었기 때문이다. 직원들이 주말에 출근하는 수고를 감수해야 했으나, 조합원의 편의를 최대한 살피기 위해서였다.

2015년부터는 참여도를 높이기 위하여 영농회별 참여율이 높은 영농회에 시상하는 유인책을 만들었다. 전 영농회를 조합원 수를 기준으로 몇 개의 그룹으로 나누어 참여율이 뛰어난 영농회에 시상했다.

시행 첫해인 2015년에 46개 영농회에서 4개 영농회가 조합원 참석률 100%를 기록했다. 놀라운 일이었다. 시상식은 영농회장, 부녀회장, 대의원 등 내부조직장을 대상으로 하는 운영공개회의에서 이루어졌으며 우수영농회에 상금을 수여하며 격려했다.

다음 해에는 치열한 선의의 경쟁이 이루어졌다. 46개 영농회 중에서 조합원 100%가 참석한 영농회가 13개였다. 놀라운 일이었다. 영농회별로 책임을 맡은 대의원, 영농회장, 부녀회장 등이 참석률 100%를 달성하기 위해 동분서주하면서 교육 참석을 독려했다. 집계된 조합원 참석률은 84.4%였다. 열정적인 내부조직장들의 모습에 눈물이 날 정도였다.

많은 사람이 농협을 에워싼 어려운 환경을 이야기하며 앞날이 암울하다고 말한다. 그러나 양서농협은 아무리 어려운 시련이 와도 든든하고 희망이 넘친다. 농협 사업을 신뢰하고 헌신하는 조합원이 있는 이상, 양서농협의 성장과 발전은 확실하다.

협동조합의 경쟁력은 바로 이것이다. 조합원이 똘똘 뭉쳐 협동조합을 신뢰하고 적극적으로 참여한다면 그 조직은 분명히 지속적인 성장을 이루어 낼 것이다. 양서농협은 바로 그런 조직이다. 조합원 초청 사업보고회는 바로 양서농협의 밝은 미래를 생생하게 확인하는 현장이다.

목표구현 100%,
경영협약서의 힘

양서농협의 1등 농협 달성이란 목표는 조합장 제2기 출범 이후에도 변함이 없었다. 1등을 달성하기 위해 전 조직원이 하나가 되어 전력을 다하는 것이 양서농협의 사업 추진 방식이다. 한편 이와 동시에 높은 경영 성과를 올리기 위한 합리적인 방안을 늘 찾고자 했다. 안정적인 수익을 확보하는 것은 양서농협의 지속적인 성장과 조합원을 위한 다양한 사업 추진을 담보하기 위해 매우 중요한 과제이다.

직원 인건비와 각종 경비를 포함한 판매관리비는 매년 증가한다. 또한, 조합원의 욕구도 매년 늘어나 이에 수반하는 사업비도 당연히 증가한다. 그래서 농협은 이를 감당하고도 남을 수익을 확보해야 한다. 그래야 조직이 생존하고 성장할 수 있다. 이를 위해 지역농협에서는 업무성과에 따른 개인별, 부서별 차등 성과급 제도를 도입하고 있다. 그런데 수년간 차등성과급제를 시행해본 결과 현실적으로 제대로 적용하기가 쉽지 않았다. 효과적이지도 않았다.

양서농협에서는 실질적인 경영 성과를 만들기 위해 2013년부터 '양서농협 경영협약서'를 체결하기로 했다. 이 협약서에 담기는 내용은 대체로 다음과 같다.

첫째, 그해 목표수익 금액을 설정한다.

목표수익 금액은 전년도 직원들에 지급된 인건비와 결산 이후 조합원에 지급되는 배당금 등을 참작하여 결정한다. 그리고 이 목표수익 금액의 선정 기준을 전 직원들에게 충분히 설명하고 이해와 협의의 과정을 거친다. 누구도 이 목표수익 금액에 이의를 제기할 수 없는 합리적인 수준에서 결정한다.

둘째, 수익성과 직결되는 주요 사업의 지표를 설정한다.

이를테면 현재 양서농협의 수익 구조상 신용사업의 비중이 60~65% 수준인데, 해당 연도 목표수익을 달성하기 위해서는 물론 그 이후 연도의 수익확보를 위해 예수금, 대출금, 보험·카드수수료 등의 지속적인 성장이 필요하다. 예를 들어 예수금 순증 400억 원, 대출금 순증 350억 원, 보험·카드수수료 30억 원 등으로 목표를 설정한다. 경영협약서 체결을 통하여 해당 연도의 목표수익은 조건 없이 달성함은 기본이고, 동시에 올해는 물론 내년 이후의 안정적인 양서농협의 수익확보를 위한 주요사업의 추진지표를 달성하고자 함이다.

경영협약서에는 상기 지표 이행 여부에 따른 조치사항을 명시한다. 목표수익을 달성하지 못하면 직원에게 지급하는 상여금과 인건비를 감축하여 목표달성을 도모한다. 목표수익 금액은 사전에 전 직원이 이해할 만한, 합리적인 수준에서 결정한 만큼 어떤 상황에서도 달성하는 것이 원칙이다.

직원으로서는 두렵고 정나미가 뚝 떨어지는 내용이다. 엄청나게 불만을 가질 수 있는 내용이기도 하다. 1등 농협이라 자처하는 양서농협이 직원 인건비까지 삭감하겠다고 협박하니 그럴만하다. 그런데 경영협약서의 서명 당사자는 조합원을 대표하는 조합장과 일의 주체인 직원을 대표하는 본부장이다. 경영책임자가 직원보다 훨씬 엄청난 부담을 가질 수밖에 없다. 대신 경영협약서의 전체 지표를 달성하고 목표수익 초과 시에는 초과 금액의 30% 이내에서 직원들에게 특별상여금을 지급한다.

나는 직원들에게 목표수익이 미달할지도 모른다는 부정적인 생각을 버리자고 한다. 오히려 목표수익을 초과하여 상여금을 받기 위해 더욱 공격적인 자세로 업무에 임하자고 격려하며 희망을 주었다. 이 경영협약서 체결을 위한 서명식은 전체 임직원이 참여하는 연초 사업 추진 워크숍에서 진행한다. 경영협약서의 이행이 단지 조합장과 본부장만이 아니고 전 직원들이 함께 공유하고 실천해야 할 과제임을 분명히 인식하기 위해서이다.

조합장과 본부장은 전체 직원들이 바라보는 연단에서 임원진과 책임자들이 배석한 가운데 엄숙하게 서명한다. 나는 이 자리에 앉을 때마다 비장하다. 목표를 기필코 달성해야 하기 때문이다.

경영협약서의 목표는 사무소마다 액자로 만들어서 벽에 건다. 그리고 경영협약서 목표수익 금액 등 각종 지표는 매월 평가회를 통해서 진행 상황을 점검하고 부진사업을 독려한다. 상반기 사업이 종료된 이후 하반기 경영전략회의에서는 상반기 경영협약의 결과에 관해 세밀한 분석·검토를 거쳐 상황변화에 따라 필요하면 현실성 있게 사업지표를 수정하고, 하반기 추진지표를 확정한다. 이 사업 추진지표를 연도 말까지 매월 관리한다.

2013년도 시작한 경영협약서에 의한 목표수익 등 각종 주요사업 지표는 매년 애초 설정한 지표 이상의 실적으로 나타났다. 전 직원은 매년 목표수익 금액을 초과 달성함으로써 추가 상여금을 받았다. 전 직원이 공유하는 경영 목표를 설정하고 또한 전 직원이 하나가 되어 이를 달성하자는 의지와 실천만 있다면 결국은 그 목표를 달성한다. 경영협약서 도입과 실행의 효과는 매년 양서농협의 경영 성과가 증명하고 있다.

준 조합원에게
이익을 배당하다

　지역농협 정관 제147조에서는 잉여금의 배당 또는 이월에 관해 이렇게 규정하고 있다. "매 회계연도의 잉여금은 제24조의 법정적립금, 제25조에 따른 이월금과 제26조에 따른 임의적립금을 빼고 나머지가 있을 때는 이를 조합원 또는 준 조합원에게 배당하거나 다음 회계연도에 이월한다." 그리고 잉여금은 ①조합원의 사업 이용 실적에 대한 배당, ②조합원의 납부출자액에 대한 배당, ③준 조합원의 사업 이용 실적에 대한 배당 순서로 배당한다. 그런데 2005년도까지 우리 지역 내의 농협에서는 단 한 곳도 준 조합원에게 사업 이용 실적에 관한 배당을 하지 않고 있었다.

　지역농협의 수익구조를 살펴보면 조합원이 차지하는 몫이 대략

50% 내외로 그 나머지는 준 조합원이나 비조합원이 이바지하고 있다. 그런데 지점장으로서 10여 년 간 근무하면서 살펴보니 우리 지역 내의 농협뿐만 아니라 많은 주변 농협에서 준 조합원 배당에 별로 관심을 두지 않았다. 나로서는 이해할 수 없었다. 농협 사업을 활성화하고 수익성을 높여 농협다운 다양한 사업을 수행하려는 의지만 확고하다면, 수익에 이바지한 고객에게 사업 이용 실적에 관한 배당금을 분배하는 것은 지극히 상식적인 일이었기 때문이다.

배당을 하지 않았던 것은 아마도 준 조합원 배당 자체에 무관심한 탓도 있을 것이고, 이 제도에 대한 이해 부족과 타성에 빠진 업무 태도에서 비롯된 오해가 있었기 때문일 것이다. 준 조합원 이용고 배당제가 조합원의 배당금을 축소하는 결과를 가져온다고 생각한 것이 아닌가 한다.

이는 전혀 사실과 다르다. 농협 수익기여도가 거의 50%에 육박하는 준 조합원에게 이용고 배당을 실시함으로써 준 조합원이 늘어나고, 준 조합원의 사업 이용량이 증가함으로써 전체 농협 사업 규모가 커진다. 그리고 자연스럽게 더 많은 수익이 발생하여 조합원이 받아가는 배당금은 해마다 증가한다.

양서농협은 여 조합장 취임 직후인 2006년부터 이 제도를 시행하기로 내부방침을 세웠다. 사업시행을 위한 이사회 의결도 무리

없이 처리되었다. 실무 준비 작업에 곧바로 들어갔다.

직원 입장에서 보면 예전에 없던 일이 추가되어 일이 늘어나니 귀찮을 수도 있다. 그러나 반드시 해야 할 사업이기에 설득 과정을 거쳐 차질 없이 준비했다.

한 해 사업을 마무리 짓고 2007년에 처음으로 준 조합원 배당을 시행했다. 농촌형 농협이고 경영이익 규모가 크지 못해 6천만 원 수준에서 사업 이용 실적에 따라 배당금을 지급하였다. 총 금액은 크지 않았지만, 이 배당금을 받은 고객들로부터 많은 문의 전화가 왔다.

"양서농협하고 거래가 별로 없었는데 어떻게 배당금이 들어온 겁니까?"

이어진 이야기로 농협에 호의를 갖고 배당금을 더 받을 방법이 없느냐고 관심을 보이는 고객이 많았다.

이렇게 시작된 준 조합원 이용고 배당 지급제도는 11년 차를 맞이하였다. 이제는 완전히 제도가 정착되었고 준 조합원의 사업 이용량이 점점 증가하고 있다. 2016년 말 이용고 배당금을 받은 조합원은 3,000명인데, 사업 이용 실적 배당을 받은 준 조합원은 3,800명에 이른다. 양서농협에서 사업 이용 실적 배당금을 받은 준 조합원의 농협 사업 이용은 점점 늘어갈 것이다.

그런데 재미있는 사실은, 10년이 지난 지금도 우리 지역 관내에서

이 제도를 시행하는 농협은 우리 외에 단 한 곳도 없다는 점이다. 이 점은 오히려 양서농협으로선 엄청난 기회이다. 지역농협은 정관에 업무구역을 명시하고 있는데, 종전에는 양서농협의 업무구역이 양서면, 서종면으로 제한되었으나 농협법 개정으로 양평군 전역으로 확대되었기 때문이다. 준 조합원 자격 조건도 조합원에 따르고 있기에 이제 양서농협은 준 조합원에 대한 이용고 배당금 제도를 최대한 활용하여 양평군 전역에서 고객층을 확대할 절호의 기회를 맞이하였다.

한 신발업체에서 어느 섬 지역의 시장조사를 하러 두 명의 직원을 파견했다. 두 직원이 가서 보니 주민들이 모두 신발을 신지 않고 맨발로 다니고 있었다. 한 직원은 이렇게 보고했다. "이 나라에는 신발을 신는 문화가 없습니다. 시장이 없으니 철수해야 합니다." 다른 직원은 이렇게 보고했다. "이곳에는 경쟁 신발업체가 진출해있지 않습니다. 우리가 시장을 확보할 가능성이 100%이니 곧바로 공략해야 합니다." 이 보고서를 본 경영자는 어떤 결정을 내려야 할까? 둘 중 어느 보고서를 채택하느냐에 따라 기업의 명운이 갈릴 수도 있다. 무능한 책임자, 직원은 사업 성장의 둔화를 단지 주변 환경 탓으로만 돌린다. 경제 상황이 안 좋아서, 경쟁이 치열해서, 우리 지역엔 유동 인구 등 소비층이 작아서 등등 안 되는 이유만 나열한다.

양서농협의 객관적인 주변 여건은 절대 좋지 않다. 양평군은 상수원 보호구역으로 공장 하나 세울 수 없다. 변변한 기업이 하나도 없는 지역이며 인구도 약 11만 명에 불과하다. 경제적인 여건도 기타 지역의 농협보다 불리하다. 그러나 진정 방법을 찾고자 한다면 길은 반드시 열린다.

　준 조합원 배당제도도 농협 사업을 활성화하기 위한 적극적인 의지에서 찾아낸 방법이다. 위기는 준비된 자에게 한해서 기회가 된다.

지역과 함께하는
임직원 봉사단

지역농협은 지역사회에서, 특히 농촌 지역에서 차지하는 비중이 실로 크다. 양서농협이 소재한 지역 내에 기관이라고는 면사무소와 농협 이외는 거의 없다. 농협에 근무하는 직원들의 위상도 매우 높다. 우리 지역 내에 거주하며 서울 등지로 출퇴근하는 주민을 제외하고, 월급을 받는 직업을 가진 주민은 공무원과 농협 직원 외에는 거의 없다. 지역사회 주민이 농협에 기대하고 요구하는 역할과 책임이 그만큼 막중하다는 의미다. 그만큼 농협은 공동체에 공헌할 의무가 있다고 할 수 있다.

양서농협에서도 봉사단을 꾸려 사회봉사활동을 전개하고 있다. 이전에도 직원들이 비정기적으로 봉사활동을 해왔으나, 보다 효

율적이고 지속적인 봉사활동을 펼치고자 정식으로 임직원 봉사단을 창단했다. 이것은 지역사회에서 농협이 마땅히 수행해야 할 사회적 책임이다. 물론, 임직원 봉사단의 봉사활동은 조합원을 위한 농협 본연의 사업과 밀접한 상관관계가 있기도 하다. 지역사회 내에서 봉사활동 대상자는 대부분 조합원이다. 임직원 봉사활동을 통해서 농협의 이미지를 개선하고, 농협 사업 성장에도 도움이 되는 부수적 효과도 기대할 수 있다.

임직원 봉사단의 발족에는 또 다른 배경이 있었다. 지역 관내에 거주하는 여성들의 자발적인 봉사단체인 양서농협 행복플러스봉사단이 기존에 있었다. 70여 명으로 구성된 이 봉사단은 30여 명의 홀몸 노인들에게 매월 반찬을 만들어 제공하는 등 소외계층을 위해 다양하게 활동하고 있었다. 양서농협은 지난 10년간 행복플러스봉사단을 지원하면서도 정작 양서농협 임직원이 직접 참여하는 봉사활동에 다소 소홀한 면이 있었다. 전부터 영농현장 방문의 날 등에는 전 직원이 비정기적인 봉사활동에 나서곤 했지만, 이런 활동이 체계적이고 지속적으로 이루어지지는 못했다.

이런 문제를 고민하던 끝에 수개월 간의 준비과정을 거쳐 2013년 초에 '양서농협 임직원 봉사단'을 발족했다. 이는 양서농협이 지향해온 원칙 중 하나인 농협다운 농협 만들기의 일환이기도 했다.

봉사활동은 정기적으로 매월 1회 주말에 실시하기로 했다. 조합원의 요청으로 모내기 지원, 표고버섯 접종, 배 봉지 씌우기 등 다양한 영농지원을 비롯하여 관내 장애인시설 원생을 위한 목욕봉사, 함께 놀아주기, 홀몸 어르신을 위한 집 안 청소, 도배, 연탄 배달 등의 활동을 한다.

한 달에 한 번이지만 봉사활동을 매월 빠지지 않는 것은 그리 쉬운 일이 아니다. 특히나 농촌 지역 농협 대부분이 그러하듯 양서농협도 매년 3월부터 10월까지는 주말에도 영농자재 판매를 위해 특별근무를 해야 한다. 주말근무를 하면서 별도로 월 1회 봉사활동을 하게 되니 휴일에 제대로 휴식을 취하지 못하는 직원도 있었다. 이러한 직원들에게 봉사활동은 부담스럽고 힘든 일이다.

하지만 임직원 봉사단은 꾸준하게 활동을 이어갔다. 지역사회에 이바지하는 농협을 지향하는 양서농협으로선 당연히 해야 할 일이었다. 임직원 그 누구도 이견이 없었다. 현재 임직원 봉사단의 활동은 만 4년이 지났다. 좀 더 체계적으로 추진해야 할 과제가 남아있으나 이제 정착단계에 와 있다. 조합원을 비롯해 봉사지원을 받는 단체나 당사자들의 반응은 실로 뜨겁다. 직원들이 쉬어야 하는 날 쉬지도 않고 헌신적으로 봉사하는 모습에 너무나 고마워한다. 홀몸 어르신들이나 장애인시설·단체 등에서도 양서농협 직원들이 일회성 봉사에 그치지 않고 연중 지속해서 활동하는 데 감사를 표한다.

농촌 지역 내에 근무하는 농협 직원이지만 영농에 직접 종사하는 직원이 많지 않은 것이 현실이다. 그런데 봉사활동을 하면서 직원들이 사명감과 보람을 갖기 시작했다. 영농에 종사하는 조합원의 어려움과 고충을 실감하고 농협 직원으로서 조합원의 실상을 이해하게 된 것이다. 또한, 경제적으로 취약하고 연로한 어르신이나 장애인을 위한 활동을 통해서 자신을 돌아보며 새롭게 세상에 대한 감사의 마음을 갖기도 했다.

현재 70여 명의 부녀회원으로 구성된 행복플러스봉사단과 90여 명으로 구성된 양서농협 임직원 봉사단이 함께 어우러져 지역사회에서 활동하고 있다. 폭넓은 봉사활동을 통하여 양서농협 임직원은 나날이 공동체와 자신의 행복을 키워나가고 있다.

신년 해맞이 행사

  토요일 새벽 양서농협 본점 주차장으로 대형버스 2대가 천천히 들어선다. 한 대는 양평 읍내 군민회관에서 일단의 직원을 태운 버스이고, 또 한 대의 버스는 서종지역에서 직원을 태운 버스이다. 본점 지역 내에 거주하는 직원들이 방금 도착한 버스에 오른다. 진행요원이 조합장을 비롯한 참석자를 확인하자 버스는 출발한다.

  버스는 강원도 정동진을 향한다. 양서농협 신년 해맞이 행사를 위한 여정이다. 차내에는 곧 불이 꺼진다. 직원들의 숙면을 위한 조치다. 금요일 업무를 마치고 간밤에 귀가해서, 또 다음날 새벽 3시 이전에 일어나 집합하느라 잠을 제대로 이루지 못한 임직원이 많을 터였다.

2시간의 짧고 깊은 잠에서 깨면 어느새 정동진 바닷가다. 차에서 내린 직원들은 얼어붙은 새벽 공기를 뚫고 바닷가 해장국집으로 들어간다. 서둘러 이른 아침을 먹고, 정동진 해맞이 장소로 신속하게 움직였다. 아직 해가 돋기 전이다. 세상은 아직 옆 사람을 알아볼 수 없을 정도로 짙은 어둠이다. 진행요원들이 신속하게 해맞이 행사를 준비한다. 과일, 북어포, 막걸리 등 제물을 차린다.

 곧 신년 해맞이 행사가 시작되었다. 새해를 맞이하여 양서농협이 올해 설정한 사업목표를 기필코 달성하자는 결의를, 양서농협 전 조합원의 안녕을, 그리고 양서농협 임직원 모두의 건강과 행운을 기원하는 의식을 엄숙하게 지낸다. 조합장, 임원대표, 직원대표의 순으로 삼배를 올린다. 이 의식이 끝나고 나서 조합장은 신년 맞이 덕담을 건네고 본부장은 본 행사의 취지를 설명하며 그 의미를 되새긴다. 마지막 순서로 사업목표 달성을 결의하는 3회 구호를 힘차게 외친다.

 어느새 저 멀리 수평선에서 붉게 해가 떠오르고 있다. 임직원 모두는 붉은 해를 바라보며 개인의 소망을 담아 힘찬 함성을 지른다. 이것으로 신년 해맞이 1부 행사가 끝난다. 이어서 임직원 단체 사진을 시작으로 사무소별, 팀별로 기념촬영을 하고 다시 버스로 오른다.

 2부 행사는 지역의 명소를 탐방하는 문화체험 시간이다. 버스는 정동진 옆 관광지를 둘러보고 강릉 오죽헌으로 이동한다. 오죽헌은 율곡 이이 선생과 신사임당이 탄생하고 생활한 곳이다. 역사 체험을 마치자 오전 11시가 넘었다. 양서농협 임직원은 다시 버스로 이동하여 바닷가 횟집에서 이른 점심을 든다.

임직원들은 동해의 싱싱한 회를 식탁에 차려놓고 소주로 건배하며, 같은 일과 같은 시간을 공유하고 희로애락을 함께 나누는 동료임을 다시 확인한다. 그리고 편안하고 화끈한 술자리를 갖는다. 마음껏 취기가 오른 상태로 오후 2시경에는 집으로 향하며 해맞이 행사를 마무리한다.

양서농협은 이렇게 2013년부터 신년 해맞이 행사를 진행하고 있다. 신년 해맞이 행사임에도 1월 1일이 아닌 1월 첫째 주 토요일로 정한 것이 특징이다. 이전에 많은 해맞이 행사에 참여하였지만 늘 뒤끝이 개운치 않았다. 벌떼처럼 모인 인파에 치여 우리만의 의미 있는 행사를 치를 수가 없었다. 그래서 우리 농협은 첫째 주 토요일 새벽으로 해맞이 일정을 잡았다. 사람들로 북적이지 않아서 조용하고 엄숙한 행사를 치를 수 있다. 2부에서도 문화체험 행사장에 사람이 별로 없어서 단출하면서 평온한 시간을 보낼 수 있다.

2014년에는 포항 호미곶에서, 2015년에는 군산 새만금에서, 2016년에는 강원도 화진포에서 그리고 2017년에는 강원도 삼척

촛대바위에서 행사를 치렀다. 매년 치르는 행사지만 항상 경건하면서도 추억에 오래 남는 자리이다.

이 자리에서 양서농협은 해당 연도 목표와 방향을 전 임직원이 함께 공유하면서 결의를 다진다. 신년 토요일 새벽부터 잠을 설치는 고됨이 있지만, 양서농협 임직원이 하나가 되는 자리이기에 그 의미는 크다. 이러한 일체감으로 한 해를 시작하는 조직에게 무엇이 두려울 것인가.

나는 1년 내내 해맞이 행사 시에 함께했던 결의를 수시로 되새기며 사업 의지를 다진다. 직원들 또한 그러할 것이다. 양서농협의 지속적인 성장과 목표 달성은 이 신년 해맞이 행사가 시작이요, 출발점인 것이다.

비전은 절대 효과를 발휘한다.
전 조직원이 명확한 비전을 공유하면
조직의 역량은 자연스럽게 한곳에 모인다.
이는 곧 성과로 이어진다.

5.

전국 최고,
1등 양서농협을 향하여

현재와
미래를 진단하다

　지난 10년 동안 명확한 목표의식을 갖고 쉼 없이 사업 추진을 해온 결과, 양서농협은 농협중앙회에서 실시하는 전국지역농협 대상 종합업적평가에서 2006년과 2007년 연속으로 전국 1위를 달성하였다. 2012년과 2013년 역시 상호금융평가부문에서 연이어 전국 1위를 차지했다.

　더 중요한 것은 지난 2006년부터 2014년까지 9년 동안 경기도 100여 개 농협 중에서 3위 이내를 꾸준하게 유지했고, 전국 농촌형 농협 900여 곳 중 10위권을 단 한 번도 벗어난 적이 없다는 점이다. 그야말로 전국 1%의 양서농협으로 성장한 것이다. 이는 지난 10년 동안 매년 지속해서 사업이 성장했다는 증표이기도 하다.

2006년 5월에 창립한 친환경 미곡작목회는 2009년 전국친환경 농산물 품평회 대상을 시작으로 2012년, 2013년, 2015년 금상을 받는 성과를 올렸다. 그 이외에 지역농협에 주는 최고의 상인 총화상, 새농협상 장려상 등을 수상하였으며, 2011년에는 본점 신청사를 건립하며 전국 최우수 건축상을 받았다. 결국, 양서농협의 2015년 비전 강령인 "대한민국 농협을 선도하는 양서농협"이 단순한 구호가 아닌 현실임이 드러난 것이다. 높은 경영 성과를 내며 조합원을 위한 다양한 실익사업을 전개해왔으며, 지역사회에 크게 이바지하는, 그야말로 명실상부한 명품 농협으로 성장한 것이다.

양서농협이 거둔 성과에 대해 조합원과 임직원이 어떻게 평가하고 있는지 살펴보기 위해 설문을 했다. 직원들은 설문 조사에서 농협이 나아갈 목표가 분명하고 조합원을 위한 사업에 중점을 둔다고 평가했다. 또한 조합원은 양서농협은 조합원을 위해 헌신적으로 사업을 추진한다는 평가와 함께 향후 양서농협에서 진행하는 사업엔 적극적으로 참여하겠다고 했다. 이 설문 조사에서 우리는 다수의 직원과 조합원이 그간 양서농협이 추진해온 사업에 관해 긍정적으로 평가하고 있음을 확인했다.

그러나 이런 긍정적인 평가와 더불어 직원들이 갖는 불만 등 양서농협이 개선해야 할 과제도 확인했다. 양서농협이 끊임없이 지향하는 1등 농협 추진에 대한 피로감과 이를 달성하기 위한 일방적인 하향식 업무추진에 대한 반감 내지는 불만이 쌓이고 있었다. 나는 이런 직원들의 불만과 피로감을 충분히 이해한다. 실제로 지금까지 조합장과 본부장 중심으로 사업을 추진한 것은 사실이기 때문이다.

목표달성을 위해 조직이 일사불란하게, 일체의 흔들림 없이 사업을 추진하다 보니 불가피했던 점이 없지 않았다. 그러나 앞으로는 이렇게 일방적인 하향식 추진으로는 명실상부한 1등 농협을 달성하지 못한다는 사실도 알고 있다. 이제는 될 수 있는 대로 상향식으로 사업을 추진해야 한다. 양서농협이 추구하는 가치관을 전 조직원과 함께 공유하고, 리더가 일방적으로 밀어붙이는 것이 아니라 전 직원이 중지를 모아 전사적으로 사업을 추진해야 진정한 1등 양서농협을 달성할 수 있다.

이제 양서농협은 또 다른 비전이 필요했다. 2015년 비전인 "대한민국 농협을 선도하는 양서농협"이 이제 역할을 다한 것이다. 늘 모든 사업을 추진하면서 기준점이 "대한민국 농협을 선도하는" 수준에 머물러 있어선 안 되는 것이다.

비전은 절대 효과를 발휘한다. 명확하게 설정한 비전을 전 조직원이 공유하면 그 조직의 역량은 자연스럽게 한 곳에 모인다. 이는 곧 성과로 이어진다.

그렇다면 2015년 3월에 시작되는 신임 조합장 체제에서 어떤 비전으로 양서농협을 견인할 것인가. 조합장의 임기가 시작되는 즉시 공표할 새 비전이 필요했다.

지난번 양서농협의 2015 비전은 자체적으로 수립했다. 좋은 경험이기는 했으나 전문성이 떨어지는 직원 기획단에서 수립하였기에 아쉬움이 많았다. 그래서 이번 2020 비전은 농협대학 협동조합연구소에서 컨설팅을 받아 제대로 된 비전을 수립하기로 했다.

협동조합연구소의 교수진과 첫 회합을 했다. 우리의 요구사항이 많았기 때문에 교수님들은 무척 버거워했다. 비전 수립을 위하여 양서농협 전체 직원의 의견을 수렴해야 했고, 조합원의 바람과 농협에 대한 평가를 조사하기 위하여 설문을 했으며, 애초 제시한 사항보다 훨씬 폭이 넓으면서 깊이 있는 연구를 요구했기 때문이다. 주말에 시행한 직원 워크숍에도 교수진의 참여를 요구했다. 비전 수립 시안에 관한 직원 대상 토론회도 추가했다. 컨설팅 팀에게 우리가 원하는 사항을 다양하고 확실하게 요구해야 우리의 생각이 충분히 반영된 비전을 만들 수 있다고 생각했기 때문이다. 이 때문에 실무적인 면에서 직원들이 해야 할 일도 엄청나게 많았다.

이렇게 양서농협은 넉 달의 과정을 거치며 2020 비전을 확정하였다.

"전국 최고 1등 양서농협"

이제까지도 탁월함을 지향했지만, 그것을 넘어선 최고 1등을 지향하기로 한 것이다. 사업성과는 물론 조합원의 소득증대와 복지 수준, 직원들의 근무 만족도, 모든 면에서 행복을 이끄는 양서농협이 되겠다는 선포였다.

전국 농협 최초,
가치관경영 도입

앞선 장에서 기술했듯이, 2015년 3월에 출범하는 조합장 임기에 맞춰 양서농협 2020 비전을 수립하면서 심각하게 고민했던 사항이 있었다. 그것은 앞에서도 말했듯이 지난 10년간 양서농협이 만들어 냈던 많은 성과는 조합장, 본부장 중심의 하향식 사업 추진 방식에 기인했다는 점이다. 이제까지는 잘해왔을지 몰라도 더 이상은 이런 일방적인 방식의 사업 추진으로 성과를 만들어 낼 수 없을 것이라고 나는 판단했다. 전 직원이 사업 추진 방향을 공유하며 상향식으로 업무를 추진할 때야말로 양서농협의 지속적인 성장을 담보할 수 있을 것으로 생각했다.

이 시점에 나는 IGM 세계경영연구원 전성철 원장의《가치관경영》을 탐독하고 있었다. 《가치관 경영》은 나를 완전히 매료시켰다. 그 책이 말하는 모든 것이 좋았다. 그리고 나를 긴장하게 했다. 좋아하면 모방한다고 했던가, 난생처음 블로그를 하며 그의 책이 이끄는 대로 나의 생활과 나의 업무를 분석했다. 특히 조직의 존재 이유인 '사명', 미래에 기필코 달성하고자 하는 '비전', 일하는 기준과 원칙인 '핵심가치'라는 가치관을 전 조직원이 함께 공유하며 이를 실천하는 경영방법인 '가치관경영'은 마치 양서농협을 위해서 준비된 구세주처럼 보였다.

양서농협의 2020 비전 '전국 최고 1등 양서농협'을 달성하기 위하여 조합장의 임기가 시작되면 바로 가치관경영을 도입하기로 했다. 그간 조합장과 본부장 중심의 일방통행으로도 이만한 성과를 만들어 낸 양서농협이라면, 이젠 전 임직원이 하나가 되어 추진하는 사업이라면 그 무엇인들 이루지 못하겠는가?

가치관경영 도입을 위한 구체적인 협의를 위해 2015년 초에 서울 강남에 소재한 호텔에서 가치관경영연구소 정진호 소장을 만났다. 양서농협의 지난 10년간의 성과를 정리한 자료를 토대로 가치관경영 도입과 관련하여 구체적인 상담시간을 가졌다.

정진호 소장은 지난 시간 양서농협은 가치관경영을 훌륭하게 실천해 왔다며 격려하고 칭찬했다. 그의 덕담에 가치관경영 도입에 너욱 자신감이 생겼다. 곧바로 세부적인 추진계획을 세웠다.

먼저 양서농협 2020 비전 및 가치관경영선포식 일정을 확정했다.

신임 조합장의 임기는 2015년 3월부터 시작하는데, 취임 후 1달 이내에 선포식을 치르기로 했다. 조합장이 취임하면서 바로 양서농협이 나아가야 할 방향을 명확하게 설정하고 조직의 역량을 규합하며 앞으로 나아가기로 한 것이다.

1월 하순에 전 직원을 대상으로 정진호 소장이 가치관경영 특강을 진행하고 양서농협 가치관 수립을 위한 작업에 들어갔다. 1차로 하나로마트 종사원을 제외한 전 직원을 대상으로 토요일 오전 9시부터 오후 6시까지 워크숍을 진행했다. 연중무휴로 영업하는 하나로마트 종사원은 2차로 별도 일정을 잡아 평일 오후 영업시간을 단축하고 오후 7시부터 밤늦게까지 워크숍을 진행했다. 가치관 수립을 위한 워크숍에는 단 한 명의 예외 없이 전 직원이 참여했다.

양서농협의 '사명', '비전', '핵심가치'를 수립하는 데 전 직원이 참여함으로써 모두가 공유하는 가치관을 만들고자 했다. 이런 일련의 과정이 조합장 선거를 치르는 과정과 동시에 이루어졌다. 이렇게 전 직원이 참여하고 정진호 소장의 도움을 받으면서 양서농협의 가치관을 확정했다.

"조합원과 고객의 경제적, 사회적, 문화적 지위 향상과 지역사회에 이바지하는 초우량 협동조합 구현"

이것이 새로 정해진 양서농협의 사명이었다. 양서농협이 현재는 물론이고 앞으로도 존재해야 할 이유를 명시하고 있다. 만일 이 사명에 충실하지 못하면 양서농협의 존재의의가 사라지는 것이다. 양서농협이 추진하고자 하는 모든 사업은 바로 이 사명 속에 온전히 담겨 있다. 이 사명을 제대로 실천하기만 하면 우리 조합원과 고객은 신뢰하며 참여할 것이고 고객은 절대적인 충성고객이 되어 농협에 보답할 것이다. 그러므로 사명에 충실하는 것이 농협의 성장과 발전을 담보하는 것이다.

이 사명은 양서농협 임직원에게 또 다른 중요한 의미를 부여한다. 타이어뱅크라는 타이어 전문 판매회사가 있다. 이 회사의 직원들이 하는 일은 주로 자동차의 타이어를 교체하는 일이다. 어쩌면 단순한 일일 수도 있다. 그런데 타이어뱅크는 "우리는 자동차에서 사람의 생명을 지키는 가장 중요한 일을 한다"라는 사명을 갖고 있다. 그렇다면 이 사명에 투철한 타이어뱅크 직원은 타이어를 교체할 때 단순하고 지루한 일이라고 생각하는 것이 아니라 사람의 생명을 보호하기 위해 꼼꼼하고 신중하게 일할 것이다. 또 교보생명의 사명은 "모든 사람이 미래의 역경에서 좌절하지 않도록 돕는다"이다. 이 사명에 충실한 보험설계사에게는 고객과 보험계약을 체결하는 것이 단순히 수입을 늘리는 수단 이상의 의미가 있을 것이다.

농협 직원으로서 노동의 의미도 마찬가지일 것이다. 사명에 충실한 직원들은 조합원의 경제적, 사회적, 문화적 지위 향상을 위해서 일한다는 자부심과 보람 그리고 긍지를 갖게 될 것이다. 양서농협이 연중 진행하는 사업의 면면을 보면 지속해서 이 사명을 구현하고 있음을 확인할 수 있다. 이는 양서농협이 존재해야 하는 이유임과 동시에 직원들에게 일의 참된 의미를 인식할 수 있게 해주는 역할을 한다. 양서농협이 존재하는 한 변함없이 지켜야 할 불변의 정신이자 실천 과제이다.

양서농협의 2020 비전은 이미 확정된 대로 '전국 최고 1등 양서농협'이다. 전 직원이 이루고자 하는 양서농협의 꿈인 것이다. 이 꿈을 바탕으로 단기적인 성과에 만족하지 않고 지속적인 성장을 위한 끊임없는 동력을 얻을 것이다.

양서농협 전 직원이 일하는 기준과 원칙인 핵심가치로 ①혁신, ②정성, ③정직, ④탁월, ⑤소통이란 다섯 가지를 추출했다. 그간 명문화하지는 않았지만 실질적으로 기능했던 혁신과 탁월이란 가치에, 조합장 제2기 출범과 동시에 적극적으로 추진해온 친절봉사운동의 정신을 담은 '정성'을 핵심가치로 추가했다. 여기에 일시적인 성과에 급급한 나머지 부정, 편법으로 일순간에 나락으로 추락한 기업, 조직의 사례를 거울삼아 '정직'의 가치를 추가했다. 즉, 기준과 원칙에 벗어난 부당한 일을 시키지도 처리하지도 않는다는 내용을 담았다. 마지막으로 우리 농협이 그동안 소홀했던 직원과 경영진의 원활한 커뮤니케이션을 위하여 '소통'의 가치를 추가하였다.

전 직원들이 참여하며 만들어낸 양서농협의 가치관을 확정하면서, 2015년 4월 24일에 '2020 비전 및 가치관경영' 선포식을 거행하였다. 전국 농협에서 양서농협이 최초로 가치관경영 도입을 선포하는 날이기도 했다.

업무도 많은데 굳이 선포식을 치른 것이 보여주기식 행사, 소모적인 반짝 이벤트로 보일지도 모른다. 하지만 선포식을 치른 데는 뚜렷한 이유가 있었다.

첫째, 양서농협의 지향점을 당당하게 공표해야 했다.

우리의 선언은 2020 비전인 '전국 최고 1등 양서농협'을 분명히 달성할 수 있다는 자신감을 바탕으로 한다. 여 조합장 취임 이후, 약 10년이라는 기간 동안 양서농협이 성취한 업적이 토대가 되었다. 지금의 역량이라면 앞으로 5년 후, 우리가 공유한 비전을 반드시 현실로 이뤄낼 수 있다고 확신했다.

양서농협은 지난 시간 주어진 여건 안에서 목표를 제대로, 그리고 확실하게 달성해 왔다. 전국 농협 중 1% 안에 드는 업적을 10년간 유지해왔고, 상당한 경영 성과를 바탕으로 조합원을 위한 다양한 실익사업을 전개하였고, 복지환원사업을 제대로 실천했다. 그런 농협이 한두 단계 올라서는 '전국 최고 1등 농협'을 만들지 못할 이유가 없다.

둘째, 말이 갖는 힘을 믿는다.

양서농협 사람들은 '비전의 맛'을 확신한다. 이 때문에 비전을 세우는 것 자체만으로도 반쯤 성공한 일이다. 하지만 더 중요한 점은, 우리가 언명(言明, 말로 나타내는 것)의 힘을 믿는다는 것이다.

지난 2006년도에 연간 경영 슬로건을 "1등 농협, 우리가 해내겠습니다"로 확정한 후, 1년 내내 각종 현수막과 모든 문서 머리말에 그 문구를 사용했다. 직전 해인 2005년에 경기도 100여 개 농협 중 53위에 그쳤던 양서농협이었으니, 누군가는 그 문구를 보고 냉소했을지도 모를 일이다. 그런데 우리는 결국 전국 1등을 이뤄냈다. 놀라운 경험이었다. 물론 다른 이유도 여럿 작용했겠지만, 말이나 글로써 의사를 분명히 나타내는 것이 얼마나 큰 힘이 되는지 직접 보고 느꼈다. 보다 큰 확신을 갖고 당당한 언명을 하기 위해서, 우리의 비전을 확고하게 달성하기 위해 외부 손님까지 초빙하고, 예산을 투입하여 볼거리까지 만들며 선포식을 거행한 것이다.

셋째, 모두의 앞에서 가치관경영을 공식으로 언명할 필요가 있었다.

가치관경영은 전 조직원 모두가 공통된 가치관을 인식하고 공감하며 실행하는 경영을 말한다. 이때 가치관은 조직의 존재 이유인 '사명', 그 조직의 미래모습인 '비전' 그리고 어떻게 조직을 만들어갈 것인가 하는 '핵심가치'라는 세 가지 요인을 말한다.

그런데 우리 농협의 지난 10년 역사를 보면 가치관경영이라는 표현만 없었지 실제로는 이러한 경영을 해왔다. 우리가 함께 세운 비전, 추진한 사업의 방향성, 사업을 성공시키기 위해 힘을 모은 방식, 그 저변에는 항상 '핵심가치'라고 부를 만한 '정신'이 있었다. 우리 농협의 성공 역사에는 면면히 흐르는 가치관이 존재했던 것이다.

다만 이를 모든 직원이 공유하고 실천했다고는 말할 수 없다. 가치관경영을 통해 그런 부분을 채워나가는 것이 목표였다. 선포식을 통해 가치관경영을 언명하는 것은 그 공유의 첫걸음이었다.

물론 선포식을 했다고 다 된 것은 아니다. 오히려 이제부터가 시작이다. 그림을 제대로 그렸다고는 하나 그림만으로는 결과가 나오지 않는다. 가치관경영을 구체적으로 실천하려면 '가치관의 내재화'가 필요했다. 전 직원이 양서농협의 가치관을 각자의 가치관과 일치시킬 것이 요구되었다. 이를 위해 양서농협은 2015년 하반기 이후에 3단계에 걸쳐 '가치관 내재화'를 추진했다.

1단계, '인식'이다.

전 직원이 양서농협의 가치관을 제대로 인식해야 한다. 가치관 액자를 만들어 사무실, 조합장실과 화장실 등 공공장소에 게시했다. 양서농협 홈페이지, 양서농협 소식지《내일》, 각종 현수막 등 가능한 모든 경로를 통해 우리의 가치관을 세상에 두루 알렸다. 전 직원 명함 후면에도 가치관을 인쇄해 넣었다.

2단계, '공감'이다.

인식과 더불어 가치관의 공감을 유도하는 것이다. 우리 농협의 가치관을 기반으로 한 성공에 대하여 끊임없이 직원들을 교육하고, 홈페이지나 소식지에도 가치관경영 성공사례를 올리며 분위기를 조성했다.

3단계, '실행'이다.

소위 가치관경영 실행실무단(Value Agent)을 구성하여 가치관을 확산하고, 가치관 내재화를 위하여 정기적으로 진행 상황을 확인하고 그 수준을 평가한다. 또한 '핵심가치상'을 제정하여 포상함으로써 가치관경영 정착에 노력한다.

위의 기조 하에 양서농협의 가치관경영은 지금도 계속되고 있다. 이러한 노력을 통해 '2020 비전'을 성취하는 것은 물론, 가치관경영이 양서농협의 조직문화에 튼튼히 뿌리내리기를 바란다.

지식경영 아카데미 10년

　양서농협은 여 조합장 취임 직후부터 특강을 통해 임직원들의 역량을 강화하고, 확고한 직업의식을 고취하려 노력해왔다. 각 분야에서 성공한 강사들의 특강을 들으며 우리 임직원들은 자기 발전의 동력을 키우고, 양서농협에 많은 발전과 성장이란 변화를 불러왔다. 이 변화와 성과는 '지식경영 아카데미'가 있음으로써 가능했다고 나는 생각한다.

　지식경영 아카데미는 임직원을 대상으로 매월 1회 전국 최고의 명강사를 초청하여 강의를 듣는 시간이다. 협동조합의 주인은 물론 조합원이다. 그러나 주인인 조합원의 위탁을 받아 일하는 임직원의 자세와 역량에 따라서 조직의 성패가 갈린다. 협동조합의 성공 여부는 협동조합의 주체 중 하나인 임직원의 뚜렷한 목표의식과 탁월한 역량에 달려있다. 따라서 양서농협에서는 지식경영 아카데미를 통해 임직원의 직업의식을 확고하게 고취하고, 역량을 키우고자 했다.

지식경영 아카데미의 시작은 2006년에 개최된 임직원 사업 추진 워크숍에서 강사를 초청하면서부터다. 그 후 2007년부터 '임직원 특별교육'이라는 이름으로 비정기적으로 특강을 진행했다. 2009년부터는 분기별로 거의 연 4회 특별교육을 시행해오다, 2012년부터 현재의 '양서농협 지식경영 아카데미'를 시작했다. 2012년 1월 31일은 지금도 기억이 생생하다. 첫 번째 강사는 삼성에버랜드 대표이사를 역임한 허태학 사장이었다.

지식경영 아카데미를 진행하는 데 있어 준수하고자 하는 원칙이 몇 가지 있었다.

첫째, 대한민국 1등 강사를 초청한다.

우리는 1등 강사만을 고집했다. 양서농협이 명실상부한 1등 농협을 지향하기 때문이다. 1등 강사의 노하우를 배우는 것은 물론, 1등 강사로부터 뿜어나오는 뜨거운 열정과 기운을 공유하자는 것이다. 여기에는 양서농협의 핵심가치 중 하나인 '탁월'의 가치도 반영돼 있다.

사실 1등 강사를 섭외하려면 꽤 부담스러운 액수의 강사료를 지급해야 한다. 모시기도 어렵다. 한화야구단의 김성근 감독이나 한미글로벌 김종훈 회장은 거의 1년 넘게 섭외하여 간신히 모셨다. 만만치 않은 과정이지만 섭외된 강사들은 항상 그만큼 가치 있는 강연 내용과 남다른 감동을 돌려주었다.

둘째, 다양한 분야의 전문가를 섭외하되, 특히 어려운 환경을 이기고 끊임없이 노력하여 목표를 달성한 사람을 모셨다. 내로라하는 분들의 생생한 경험담을 바로 코앞에서 들으며, 우리 임직원들은 함께 공감하고, 감동하고, 발전의 동력으로 삼았다.

지식경영 아카데미는 오후에 시작되는데, 열정적인 강연과 청중의 호응이 이어지다 보면 9시가 넘어서야 마칠 때가 많다. 가끔은 집에 돌아가서 자리에 누운 후에도 쉽게 잠을 이루지 못할 정도다. 강연의 열기와 흥분이 가슴을 채우고 더 치열하게 살아야겠다는 각오와 의지로 마음이 들뜨기 때문이다. 이런 열정은 다른 직원들에게도 전파된다. 멋진 강연 후에는 아침에 출근하는 직원들의 표정이 다르다. 이런 힘이 우리 양서농협의 성장 동력이다.

지식경영 아카데미가 양서농협의 직원들에게 심어준 혁신, 열정, 도전, 긍정의 마인드는 이제 뿌리를 내려 안착 단계에 있다. 그리고 이것은 양서농협의 조직문화 기반이 되었다.

지식경영 아카데미는 2017년 현재까지 70회 가까이 진행되었다. 10여 년간 90여 분의 스타 강사들이 양서농협을 다녀갔다. 양서농협의 지식경영 아카데미는 지역농협에서 진행하는 가장 모범적이고 성공적인 교육 프로그램으로 자리매김할 것이다. 그와 함께 양서농협 임직원은 날로 발전하고, 양서농협 또한 지속해서 성장 하리라고 확신한다.

지식경영 아카데미 연도별 강사진 명단

년도	강사명	경력	저술 도서명
2006년	조용모	해피라이프 개발원장	《백만번의 프로포즈》 등
2007년	조관일	전 강원도 정무부지사	《깔깔깔 강의유머 기법》,《조관일의 고객죽이기》 등
	한원태	전 서울은행 청경	《300억의 사나이》
2008년	윤생진	금호 아시아나 전무	《미치게 살아라》
	정순덕	농협 보험 명예의 전당 헌액자	《정순덕 e파워세일즈》
	이대웅	상명대학교 교수	
2009년	지승룡	민들레영토 대표	《절대적인 믿음으로 성공한 한국의 CEO들》,《선배처럼 살아라》
	김영도	1977년 마나슬루 원정 대장	《산에서 들려오는 소리》
	김흥식	전 장성군수	《CEO 군수, 김흥식 리더십》
2010년	이영석	총각네 야채가게 대표	《총각네 야채가게》 등
	문삼준	농협 명예의 전당 헌액자	
	지준옥	농협 명예의 전당 헌액자	
	유경	어르신사랑연구모임 대표	《유경의 죽음 준비학교》,《마흔에서 아흔까지》 등
	김석봉	석봉토스트 대표	《석봉 토스트 연봉 1억 신화》,《희망을 굽는 토스트맨》
2011년	정상근	정HR교육연구소 소장	
	장석춘	행복코리아 원장	
	전옥표	위닝경영연구소 대표	《이기는 습관》,《킹핀》 등
	신상훈	서울종합예술학교 교수	《톡킹 애드립》,《웃어라 학교야!》 등

년도	강사명	경력	저술 도서명
2012년	허태학	전 삼성에버랜드 대표이사	《마음을 얻어야 세상을 얻는다》, 《고객가치를 경영하라》
	이경철	S/M경영교육센터 대표	
	이금룡	코글로 닷컴 회장	《이금룡의 고수는 확신으로 승부한다》, 《감성 시대의 스토리 성공학》
	서진규	희망연구소 소장	《나는 희망의 증거가 되고 싶다》, 《희망은 또 다른 희망을 낳는다》 등
	서거원	국가대표 양궁 감독	《따뜻한 독종》
	최승원	테너	
	유일열	제일건선 대표	
	용혜원	시인	《엄마의 기도》, 《사랑하는 사람을 위한 기도》 등
	김종훈	한미글로벌 회장	《우리는 천국으로 출근한다》 등
	이동환	가정의학과 전문의	《당신의 세포가 병들어 가고 있다》, 《하루에 몇 번이나 행복하세요?》
	황민영	식생활교육국민네트워크 대표	
	최종택	초이스 인재경영개발원 대표	《하루약속》
2013년	김태원	구글코리아 팀장	《생각을 선물하는 남자》, 《청춘 고민상담소》, 《젊은 Googler의 편지》
	김규환	명장	《어머니 저는 해냈어요》
	이석형	전 함평군수	《세상을 바꾸는 나비효과》
	박경철	시골의사	《시골의사 박경철의 자기혁명》, 《시골의사 박경철의 아름다운 동행》 등
	오진영	한국능률협회 컨설팅 부사장	
	조병인	동국대학교 교수	《오래된 지혜 경청》

년도	강사명	경력	저술 도서명
2013년	김효석	전 아나운서	《불황을 이기는 세일즈 전략》
	윤철호	한국원자력학회 회장	
	김재환	란 스튜디오 회장	
	김해룡	삼성에버랜드 서비스아카데미 원장	
	허영호	탐험가	《걸어서 땅끝까지》
	김진만	MBC PD	《아마존의 눈물 외전》
2014년	이하나	러너코리아 전문위원	
	강헌구	장안대학교 교수	《가슴 뛰는 삶》, 《아들아 머뭇거리기에는 인생이 너무 짧다》 등
	최문희	미래HRD연구원 대표	
	김성근	한화 이글스 감독	《김성근이다》, 《야신 김성근, 꼴찌를 일등으로》 등
	문성필	백산주유소 대표	《백산주유소》
	박한용	민족문제연구소 실장	
	이충호	토목공학 박사	
	한경석	예비역 대령	
	김창옥	김창옥휴먼컴퍼니 대표	《유쾌한 소통의 법칙 67》, 《나는 당신을 봅니다》, 《소통형 인간》 등
	김경호	이미지메이킹센터 대표	《호감의 법칙》, 《당신의 이미지》 등
	류종형	지식정보연구소 소장	《류종형의 사상체질 실전 심리학》
	김대현	한국가정문화연구소 소장	《화성에서 온 아빠 금성에서 온 엄마 안드로메다 아이》 등
2015년	정진호	정진호가치관경영연구소 더밸류즈 소장	《왜 그렇게 살았을까》, 《일개미의 반란》, 《가치관 경영》
	이석	가수, 황손	

년도	강사명	경력	저술 도서명
2015년	한근태	한스컨설팅 대표	《일생에 한번은 고수를 만나라》, 《몸이 먼저다》, 《한근태의 인생참고서》 등
	이소정	러너코리아 사외교수	
	이시형	정신과 의사	《이시형 박사의 둔하게 삽시다》, 《이시형처럼 살아라》, 《인생내공》 등
	박재희	민족문화콘텐츠연구원장	《3분 고전》, 《손자병법으로 돌파한다》 등
	윤호일	남극 세종기지 대장	
	이영미	대중문화평론가, 교수	《요즘 왜 이런 드라마가 뜨는 것인가》, 《세시봉, 서태지와 트로트를 부르다》 등
	맹명관	중소기업혁신전략연구원 전임교수	《결핍이 에너지다!》, 《상술의 귀재 온주 상인》, 《이기는 기업은 무엇이 다른가》 등
	박용후	카카오톡 홍보이사	《나는 세상으로 출근한다》, 《관점을 디자인하라》 등
	강창희	트로스톤자산운용 연금포럼 대표	《당신의 노후는 당신의 부모와 다르다》, 《2030 세대를 위한 투자와 금융 이야기》 등
2016년	유지미	기자	《100감사로 행복해진 지미 이야기》
	조서환	전 KTF 부사장	《마케팅은 생존이다》, 《근성》 등
	서경덕	성신여자대학교 교수	《당신이 알아야 할 한국사 10》, 《당신이 알아야 할 한국인 10》
	양병무	인천재능대학교 산학협력중점교수	《일생에 한 권 책을 써라》, 《감자탕 교회 이야기》, 《행복한 논어 읽기》 등
	박보영	컨설턴트, 센토스 대표	《화난 고객과 쿨하게 소통하기》
	조정호	한국웃음치료연구소 대표	《웃음의 마법》
	김동성	스포츠해설가, 전 쇼트트랙 선수	

년도	강사명	경력	저술 도서명
2016년	혜민스님	종교인	《완벽하지 않은 것들에 대한 사랑》, 《젊은 날의 깨달음》 등
	박민희	MIN컨설팅, PNS이미지연구소 소장	
	이지선	작가	《지선아 사랑해》, 《오늘도 행복합니다》 등
	주선희	원광디지털대학교 교수	《얼굴 읽어 주는 여자 인상 바꿔 주는 남자》, 《얼굴경영》
	김광호	콤비마케팅연구원 원장	《삼성전자&타이거우즈, 그 16가지 교훈》, 《영웅의 꿈을 스캔하라》 등
2017년	김홍신	작가	《김홍신의 대발해》, 《인생사용설명서》 등
	김상운	MBC 논설위원실장, MBC 라디오 〈뉴스의 광장〉앵커	《왓칭》, 《흔들리지 않는 공부 멘탈 만들기》 등
	최갑홍	국제전기기술위원회 이사회 이사	《휴먼리더》
	정혜신	정신과 전문의	《정혜신의 사람 공부》, 《홀가분》 등
	박영실	박영실서비스파워아카데미 대표	《욕먹어도 괜찮아》, 《매혹》 등
	이지훈	위클리비즈 편집장, 조선비즈 위비경영연구소장	《혼창통》, 《단》 등
	이성미	개그우먼	《사랑하며 살기에도 시간이 부족하다》, 《아들아 너는 세상을 크게 살아라》

모든 조합원이 행복한
협동조합을 꿈꾸며….

"농협다운 농협, 1등 농협"

양서농협의 목표는 처음 세워진 후 한 번도 흔들린 일이 없다. 직원들의 불평불만, 조합원들의 무관심, 반발 등 여러 형태의 어려움이 있었지만 이는 소위 변화와 혁신의 과정에서 당연히 수반되는 고통이었다. 우리는 물러서는 일 없이 다양한 사업을 꾸준히 추진했다.

농협다운 농협을 만들기 위해 협동조합경영을 위한 토대를 하나하나 기본부터 충실하게 다졌다. 조합원 교육, 조합원 초청 사업보고회, 운영공개회의 등 조합원에게 농협을 제대로 알리는 활동 등을 쉼 없이 진행했다. 이는 조합원을 농협 사업에 실질적인 주체자로 참여시키는 작업이었다. 그리고 친환경 미곡작목회, 전 조합원 건강검진 등 조합원에게 꼭 필요한 사업들을 발굴하여 이를 제대로 실현해 왔다.

작은 일부터 조합원에게 도움이 되는 사업을 끊임없이 찾아내고, 상대적으로 경제적 약자인 조합원들에게 농협이란 존재가 진정 힘이 되도록 노력했다. 그것이 농협다운 농협을 만드는 일이라고 믿었다.

지속적인 사업 성장, 그리고 이를 통한 1등 농협 달성을 위해 전 직원들을 독려하며, 튼실한 경영기반 구축을 위해 준 조합원 배당제, 경영협약서 체결 등 다양한 경영개선 활동을 추진해왔다.

양서농협을 전국 최고의 농협으로 만드는 것은 나의 꿈이었다. 그 꿈을 달성하면 나 또한 전국 최고의 협동조합경영전문가가 되는 것이라 믿었다. 그 때문에 나는 지난 세월 오로지 양서농협을 최고 농협으로 만드는 일에 매진했고, 이루어냈다.

이 모든 것은 여 조합장이란 인물을 만났기에 가능했다. 환상적인 동반관계였다. 최고를 향한 강한 의지를 소유한 두 사람의 코드가 정확히 맞아 떨어졌다고 할까. 여 조합장은 나를 훨씬 뛰어넘는 열정의 소유자였다. 그와 더불어 많은 사업을 양서농협에서 실행했다.

이 사업들은 언제나 최고 농협 달성이란 목표를 향해서 진행된

프로젝트였다. 나는 여 조합장과 더불어 '농협다운 농협 만들기, 1등 농협 달성'이란 목표 아래 양서농협의 새 역사를 쓴다는 각오와 의지로 치열하게 달려왔다. 이 과정은 그야말로 혁신의 연속이자 기나긴 인고(忍苦)의 시간이었다. 개인이나 조직은 변화에 쉽게 적응하지 않는다. 오히려 변화를 거부하고 저항한다. 과거의 안일함과 익숙함에 집착하려 한다. 이를 극복하지 못하면 조직은 정체하기 마련이다.

변화와 혁신을 추진해나가면서 원칙에 벗어난 편법이나 어설픈 양보 없이 오직 농협과 조합원을 위하는 일이라면 소신껏 추진했다. 양서농협의 2015 비전, 2020 비전은 이런 맥락에서 만들어졌다. 조직의 목표를 매번 무모할 정도로 높게 설정한 것이다. 바로 전국 최고 1등 농협 달성이란 도전을 위해서다. 이러한 비전은 현재의 성과에 만족하지 않고 더 큰 성장 동력을 얻기 위한 것이었다.

가치관경영의 도입은 감동적이었다. 짧은 3개월 동안에 일사불란하게 전 조직원이 가치관 수립에 참여하고 양서농협 가치관을 확정했다. 2005년에 설정했던 양서농협이 지향하고자 했던 '농협다운 농협, 1등 농협'의 정신을 충실하게 반영했다. '농협다운 농협'은 양서농협의 사명과 핵심가치 정성, 정직에 녹아들어 갔다. '1등 농협'은, 양서농협의 비전과 핵심가치 탁월에 담겨졌다. 결국, 양서농협이 지향하고자 한 농협의 미래상을 양서농협 가치관에 고스란히 담아냈다.

그리고 실천 활동을 철저하게 확인하며 독려했다. 2020 비전과 가치관경영 선포 이후 지속적인 실천 활동이 이어졌다. 양서농협의 가치관을 담은 액자를 전 사업장에 게시하고, 각종 직원회의 때마다 가치관을 낭독했다. 매주 책임자 회의에서 참석자들은 가치관경영 관련 동영상을 시청하며 업무현장에서 우리의 가치관을 어떻게 실현할 것인지 고민하며 실행력을 높여나갔다.

업무현장에서 이루어지는 핵심가치 실천 사례를 공모했다. 그리고 핵심가치 실천을 생활화하기 위하여 우수사례 동영상을 전 직원이 공유했다. 이런 과정을 거치면서 임직원은 2020비전을 향해서 한 마음이되었다. 그렇게 양서농협은 전국 최고, 1등 농협이 되기 위하여 거듭나고 있다.

그렇다면 '농협다운 농협, 1등 농협'을 추구하는 궁극적인 목표는 무엇일까?

농협을 통해서 조합원을 진정으로 행복하게 하는 것이다. 조합원의 경제적, 사회적, 문화적 지위 향상을 위해 힘쓴다는 농협의 사명을 충실하게 추구하여 그 결과 최고의 성과를 낸다면 당연히 조합원은 그 농협을 통해서 무한히 행복하지 않을까? 즉, '농협다운 농협, 1등 농협'의 지향점은 '행복한 조합원'인 것이다. 이 때문에 양서농협이 지난 10년간 진행해온 프로젝트의 또 다른 이름은 바로 '행복한 조합원' 만들기라 할 것이다.

    요즘 경제 환경이 날로 어려워지고 미래에 관하여 비관적인 전망이 쏟아지고 있다. 그렇지만 나는 지난 10년이 넘는 세월 동안, 최고 농협을 지향해온 양서농협은 분명코 어떤 어려운 환경에서도 희망을 찾아 생존하고 성장할 것이라고 확신한다. 지난 세월 양서농협이 실천해온 다양한 사업이 앞으로 더욱 꽃을 활짝 피울 수 있을 것이라 믿기 때문이다. 그런 긍정의 마음으로 이제 양서농협의 '농협다운 농협, 1등 농협' 만들기 프로젝트 이야기를 매듭짓는다.

오늘에 감사하며
내일을 향해 정진한다

지난 해부터 매주 토요일과 일요일을 온전히 책 쓰기에만 바쳤
다. 글쓰기가 익숙하지 않은 나로선 쉽지 않은 일이다. 종일 컴퓨터
자판에 앉아서 A4용지 한 장을 못 채우는 날도 종종 있었다. 내 주
제에 무슨 책을 내는가 하는 회의감이 자주 들었다. 그래도 포기
할 수 없었다. 아니, 포기할 수 없었다. 자신에게 한 약속을 꼭 지키
고 싶었다.

나는 몇 년 전 매우 의미 있는 워크숍에 참가했다. 대한민국의 대
표적인 개인 비전 전문가인 강헌구 교수님이 주관하는 비전 수립
워크숍이었다. 이곳에서 나의 비전을 '2018년에 이충수 협동조
합경영연구소를 설립한다'로 확정했다. 33년간의 농협 직원 생활

을 정년으로 마무리하는 2018년에 농협경영전문가로서 제2의 인생을 맞이하겠다는 의미를 담고 있다.

나의 비전을 달성하기 위한 구체적인 실천 계획으로 2017년에 책을 출간하기로 굳게 다짐했다. 무엇보다도 이때의 약속을 지키게 되어 무척 기쁘고 감사하다.

1999년 이후 나는 '농협경영전문가'를 자임하며 근무해왔다. IMF를 계기로 경영지도사 자격을 취득한 시점부터다. 만 17년 세월을 오로지 하나의 목표를 향해서 지금껏 달려왔다. 그 목표는 '농협다운 농협, 1등 농협' 달성이었다.

농협경영전문가로서 농협다운 농협, 1등 농협을 만드는 일은 너무나도 당연한 목표였다. 농협이 조합원과 고객 그리고 지역사회로부터 신뢰와 존경을 받고, 임직원이 소속 조직에 대한 무한한 자부심을 느끼는 초우량 협동조합을 만드는 일이 농협경영전문가가 꿈꾸는 목표이자 비전이라고 굳게 믿었다.

그러나 어설픈 글쓰기가 스스로 불만족스러웠다. 그동안 겪어왔던 경험과 생각을 온전히 그리고 충분하게 글로 옮기지 못하는 것에 안타까움이 많았다. 지나간 농협 생활을 돌아보니 더 잘할 수 있었다는 아쉬움도 컸다. 이 마당에 어찌하겠는가? 있는 그대로의 나의 모습을 정직하게 받아들여야 한다.

다만 능력이 부족할지언정 지난 30여 년 동안 농협 직원으로서 나름 부끄러움 없이 살아온 일을 위안으로 삼고자 한다. 부족한 부분은 앞으로 협동조합경영전문가로서 제2의 인생을 살아가면서 보완하고자 한다.

나의 삶이자, 농협인으로서 살아온 이야기를 책으로 내면서 그동안 고마웠던 분들을 소개하지 않을 수 없다. 그분들이 없었더라면 현재의 내가 존재할 수 없기 때문이다. 참으로 감사한 일이 너무나도 많음을 매일 체험하며 살아간다. 지금은 두 분 다 고인이 되셨지만, 나의 아버지 이종상 님과 어머니 신원순 님에게 두 손 모아 감사를 드린다. 두 분 모두 거의 배움이 없으셨지만, 성실과 정직으로 인생을 사신 분이다. 내가 농협경영전문가라는 자부심 하나로 지금껏 나름대로 열심히 살아올 수 있었던 것은 오로지 우리 부모님이 남겨주신 정신적 유산을 받은 덕분일 것이다. 깊이 감사드린다.

나의 아내 박승연에게도 진심 어린 감사를 보낸다. 결혼하여 지금껏 나를 세심하게 보살펴준 은인이다. 아내 없이는 현재의 나를 생각조차 할 수 없다. 나의 아내를 낳아주신 장모님 고덕례 님에게도 감사를 드린다. 어려운 환경에서도 아내를 훌륭하게 키워주신 분이다. 나의 큰형님 이관영, 처남 박승택 님을 비롯한 형수님, 조카들을 포함한 우리 가족 모두에게 감사를 보낸다. 특히 지난

2016년 결혼한 나의 외동딸 지민이와 사위 조상훈에게 참으로 고마운 마음을 보낸다. 현재 미국에서 흠잡을 것 하나도 없이 잘 살아가고 있다. 지난 6월 29일에는 건강한 아들을 출산했다. 나의 첫 저서인 이 책이 외손자 수혁이에게 의미 있는 선물이 된다면 더없는 기쁨이겠다.

내가 농협이라는 터 안에서 지금껏 살아오는 동안 너무나도 많은 고마운 분들이 있었다. 일일이 나열할 수 없을 정도지만, 여원구 조합장님은 언급하지 않을 수 없다. 지난 2005년 9월부터 지금까지 만 12년이 되도록 조합장과 실무총괄책임자인 전무 또는 본부장으로서 환상적인 동반관계를 유지한 분이다. 그간의 모든 것이 여 조합장님의 절대적인 신뢰 속에서 비로소 가능했다.

지난 세월 동안 나와 함께 동고동락했던 선배, 동료 그리고 후배 직원들에게 머리 숙여 인사를 드린다. 내가 추구하는 농협 상 '농협다운 농협, 1등 농협'은 조합원의 행복을 위한 것이기는 하나, 그를 위해 현장에서는 늘 인내하고 혁신의 과정에서 고통을 감당해야 했다. 그 과정을 지금껏 말없이 함께해준 선배, 동료, 후배 직원분들이 있었기에 현재의 내가 존재할 수 있었다. 감사와 경의를 보낸다. 마지막으로 나의 비전 수립에 크게 도움을 주신 강헌구 교수님, 양서농협이 전국 농협 최초로 가치관경영을 선포하는 데 도움을 주신 정진호 소장님, 책 쓰기에 많은 도움과 격려를 보내

주신 양병무 박사님께도 감사를 드린다.

　항상, 오늘에 감사하며 내일을 향해 정진하며 살아갈 것을 다짐한다. 그럼으로써 누군가 단 한 사람에게라도 진정 도움이 될 수 있는 나로 거듭나기를 소망한다.

2017년 8월 31일
이충수